KB118917

외모는 자존감이다

온전히 나다운 아름다움을 찾는 법

외모는
Appearance
자존감이다

김주미 지음

다선
북스

Prologue

나는
외모 관리를 통해
인생을 배웠다

어린 시절부터 나는 유독 '외모'에 관심이 많았다. 외모에 대한 관심이 증가하기 시작한 건 이른 사춘기가 지난 초등학교 5학년 때부터였다. 당시 반에서 한 외모 순위 투표에서 1등을 차지한 여학생은 서울에서 전학을 온 머리가 길고 피부가 하얀 아이였는데, 티를 내진 않았지만 '왜 나는 재보다 예쁘지 않은 거야'라는 생각에 한참을 우울해했다.

밖에 나가면 네 살 많은 언니와 늘 외모를 비교당하기도 했다. 종종 예쁘다는 말을 들었지만 눈에 확 띌 만큼 예쁜 언니에 비해 뒤처지고 못났다는 생각을 했다. 더군다나 패션에 민감했던 아버지는 "사람은 생긴 대로 행동한다"는 말씀을 자주 하시며 엄마와 우리 자매의 머리 모양과 옷차림까지 신경 쓰셨다. 그래서였을까? 나는 누구보다도 '예쁘고 싶다는 열망'이 강했다.

중학생 때는 동네 화장품 가게를 놀이터처럼 들락거렸다. 흠모하던 수학 선생님께 잘 보이고 싶어 언니의 투피스 정장을 훔쳐 입고 학교에 간 적도 있다. 지금 생각해보면 너무 어이가 없지만, 당시 나에게는 "예쁘다"는 말을 듣는 것이 지상 최대의 과제였다. 학교를 마치면 에어로빅 학원에 가 아주머니들과 운동을 했고, 하루 중 자는 시간을 제외하고는 거울을 끼고 살았으며, 살이 찔까 무서워 밥을 새 모이만큼 먹었다. 한번은 살이 빠진다는 중국산 다이어트 차를 구해 마시다 배가 뒤틀리는 부작용을 겪기도 했다. 선생님의 관심을 받기 위해 공부도 무척 열심히 했는데, 또래 친구들과 어울리는 데는 무관심했다. 나는 친구들 사이에서 매일 거울만 들여다보는 '왕재수'였다.

그런 와중에 여고에 진학한 건 정말 다행스러운 일이었다. 조용하고 새침한 성격이 무던하고 털털하게 변하면서 단짝도 늘어났다. 늦은 밤까지 공부를 하며 한동안은 외모에 대한 집착을 내려놓을 수 있었고, 친구와 매점 가는 일을 유일한 낙으로 삼았다. 더 이상 자라지 않는 키와 점점 굵어지는 다리 때문에 자신감은 떨어졌지만, 그래도 '대학에 가면 눈부신 미녀가 될 거야!'라는 기대만큼은 놓지 않았다.

하지만 대학생이 된 후 나의 기대와 희망은 절망과 집착으로 변했다. 대학에서 사귄 친구들은 모두 키가 크고 날씬했는데, 상대적으로 작고 통통했던 나는 매일 남과 나를 비교하기에 바빴다. 더 예뻐지기 위해 신상 립스틱을 제일 먼저 구매해 썼고, 과외를 해 번 돈으로 새벽시장에 다니며 옷 사기에 열중했다.

내가 생각하는 '누구에게나 사랑받는 외모'는 거울 속 내 모습과 많이 달랐다. 얼굴은 더 작아야 했고, 피부는 잡티가 하나도 없어야 했으며, 코는 오뚝하고, 팔다리는 길고 날씬해야 했다. 어떤 날은 내 모습이 이상할 정도로 보기 싫어 외출을 포기한 적도 있었다. 새 옷을 사면 친구들에게 괜찮다는 확인을 받아야만 안심이 됐고, 마음에 들지 않는 옷을 입고 나오면 기어코 가게를 돌며 괜찮은 옷을 찾아 사서 갈아입어야만 했다. 하루 중 몇 시간을 외모 관리에 쏟아부었지만, 어쩐지 그럴수록 만족은 고사하고 불안감만 더 커져갔다.

분명 괜찮다는 말을 듣는 외모였음에도 나는 늘 내 외모의 '문제'만을 생각했다. 연예인처럼 예뻐지면 모든 사람이 나를 사랑할 거란 망상에 빠졌고, 누군가 내게 예쁘다는 말을 하면 바로 그 사람을 좋아할 정도로 평가에 좌지우지됐다.

그런 외중에 내 인생을 송두리째 바꾼 사건이 발생했다. 바로 언니의 교통사고였다. 하루아침에 반 식물인간이 된 언니의 모습을 보며 나는 큰 충격과 슬픔에 휩싸였다. 언니가 예쁜 외모로 반드시 행복한 삶을 살 거라 확신했는데, 그 일로 인해 외모에 대한 나의 집착은 한순간에 부질없이 사라졌고 내가 믿고 붙잡았던 모든 것들이 허망해졌다. 당시 20대 중반이었던 나는 '한치 앞을 내다볼 수 없는 것이 인생'임을 깨달았고, '언제나 지금 이 순간을 가장 소중히 여기고, 스스로 만족하는 삶을 살아야겠다'고 다짐했다. 언니의 사고 이후 지금의 남편을 만났다. 내가 어떤 모습이든 나를 사랑하겠다는 남편에게서 온전한 사랑과 안정감이 무엇인지를 느꼈고, 외모에 대한 불안감도 조금씩 사라졌다.

결혼 후 헤드헌터로 일하며 겪은 경험들은 내가 이미지 코칭 컨설턴트라는 직업을 갖는 데 큰 영향을 미쳤다. 커리어를 잘 관리했음에도 외적 이미지가 아쉬운 분들은 그만큼 인터뷰에서 불리한 경우가 많았는데, 그런 모습을 보며 도와주고 싶다는 마음이 생겨났다. 대학 연극 동아리에서 3년간 분장을 맡을 만큼 다른 사람을 꾸며주는 일에 관심이 많았던 내가 떠올랐고, 역으로 외모에 대한 집착을 버리고 새 삶을 얻은 경험을 다른 이들과 공유하면 어떨까 하는 생각에 이르렀다. 그길로 당장 회사를 그만두고 메이크업 전공으로 대학원에 진학해 화장품 회사와 미용학원 강사로 경력을 쌓아나갔다. 문화센터 강의와 블로그를 통해 일반 여성들에게 메이크업 레슨을 해주기도 했는데, 이전보다 수입은 급감했지만 수강생들이 아름다워지는 모습을 보며 그 어느 때보다 큰 행복을 느꼈다. 이후 대학원 박사 과정에 진학

함과 동시에 대학에서 메이크업과 이미지 메이킹 과목을 맡아 강의를 진행했다. 4년 전 일반인을 위한 이미지 컨설팅 전문 회사를 차렸고, 수년간 여러 대학에서 학생들을 가르치고 기업과 기관에 출강을 나가며 자연스럽게 이 분야의 전문가로서 인정받을 수 있었다.

나는 외모에 관한 일을 직업으로 삼으면서 보통 사람들이 생각하지 못하는 외모의 비밀과 속내를 밝혀냈고, 스스로 기분이 좋아지는 외모 관리법을 체득하면서 비로소 외모에 대한 집착에서 완전히 자유로워졌다. 외모 콤플렉스로 인해 고통 받는 사람, 충분히 아름다움에도 더 아름다워지기 위해 자신을 혹사시키는 사람, 결혼 후 망가진 외모 때문에 남편에게도 당당할 수 없었던 여성들을 만나 그들이 내적 상처로부터 벗어나 자신만의 아름다움을 찾을 수 있도록 이끌어주었다.

내가 진행하는 이미지 컨설팅은 여타의 강의와 다른 점이 있는데, 바로 스킬을 익히기 전에 '마인드 트레이닝'을 진행한다는 것이다. 한 사람이 가지고 있는 내면은 눈으로 보이는 실제 모습을 만들어낸다. 예쁘게 화장을 하고 옷을 입기 전에, 먼저 자신을 바라보는 편협하고 왜곡된 시선부터 바로잡아야 한다. 그 다음 단계로 스스로 매일 외모를 관리하고 변화시킬 수 있는 간단한 방법들을 소개한다. 심리학에서 말하는 '인지행동요법'을 이미지 컨설팅에 접목해 사고의 프레임을 전환하고, 내면과 외면의 변화가 자연스럽게 이루어지도록 한다. 실제로 나를 만났던 많은 여성들은 내면을 변화시키고 외모를 가꾸는 습관을 익히면서 매일매일 눈에 띄게 밝아졌다. 마음이 외치는 목소리에 귀 기울이고 진정으로 원하는 이미지를 찾아 꿈에 한걸음씩 다가가는 쾌거를 이루기도 했다. 내 삶과 수강생들의 변화를 통해 입증된 이 방법을 책 속에 고스란히 담아내기 위해 노력했다.

나는 외모 관리를 통해 인생을 배우고 살아갈 힘을 얻었다. 외모에 집착했던 때보다 지금 내 모습이 더 아름답다고 느끼는 이유는 진정으로 좋아하는 일을 하고 있고, 그 일을 통해 많은 사람들과 친밀해지는 시간을 갖고 있기 때문이다. 지금의 나는 내가 어떻게 보일지 걱정하지 않는다. 누군가의 평가와 상관없이 지금의 나를 그대로 인정하며 스스로를 기분 좋게 만들기 위해 노력한다. 나에 대한 생각과 행동이 나를 만든다는 사실을 인지하면서 이전보다 훨씬 더 보기 좋은 외모를 갖게 되었고, 언제나 내 삶에 만족할 수 있게 되었다. 그리고 지금, 이 책을 통해 당신에게도 그러한 삶을 선물하고자 한다.

2016년 10월
소울뷰티디자인 대표 김주미

CHAPTER 2

외모의 변화는
나를 깨닫는 순간 시작된다

CHAPTER 3
Mind control

마음이 건강한 여자가
외모도 아름답다

CHAPTER 4

Lifestyle

자존감을 채우는
여자의 습관

The value

of

apparence

CHAPTER 1

현명한 여자는 결코 외모를 무시하지 않는다

아무리 외모가 뛰어난 미인이라도 이를 뒷받침
하는 태도와 행동이 없으면 전혀 아름답게 느껴지지
않는다. 반대로 미인이 아니더라도 기분 좋은 끌림이
있으면 그 사람은 분명 아름답게 느껴지고 매력적으
로 보인다.

1

나의 외모가
세상에
들려주는 이야기

외모는 첫 번째로 내미는 명함이다

"그 사람 헤어스타일 봤어? 아니 디자인한다는 사람이 왜 그래?"

"셔츠를 목까지 채워 입은 걸 보니 좀 고지식한 성격인 것 같아."

"눈은 항상 충혈되어 있고 초점이 없어. 매일 새벽까지 게임에 빠져 사는 건 아닐까?"

"늘 옷을 헐렁하게 입고 다니는 걸 보니 편안한 걸 좋아하고 털털한 성격 같은데?"

"아까 그 배 봤어? 엄청 먹고 운동은 거의 안 하나봐."

솔직하게 인정하자. 처음 누군가를 만났을 때 그 사람을 외모로 판단한 적이 단 한 번도 없었는가? 실제로 한 사람의 외모는 짧은 시간 안에 다양한 정보를 전달한다. 외모로 모든 것을 판단하지 말라고 이야기하지만, 우리는 여전히 눈에 보이는 것을 통해 보이지 않는 많은 것들을 상상하고 추측한다. 얼굴 표정이나 자세, 헤어스타일, 옷차림, 손톱 관리 상태만 봐도 그 사람의 마음이나 캐릭터를 짐작할 수 있고, 생활 습관이나 자기 관리 여부를 대략적으로 알 수 있기 때문이다. 뚱뚱하거나 마른 몸매로부터 식습관과 성격을 추측하고 헤어스타일에서 성향과 감각을 읽어내기도 한다. 메이크업을 즐겨 하는 사람과 하지 않는 사람, 잘 갖추어진 정장을 입는 사람과 편안한 캐주얼을 입는 사람은 일을 하는 방식과 라이프 스타일에서 차이를 보인다. 더불어 한 사람의 외모는 내면과 긴밀하게 연결되어 있어서 때로는 생각과 가치관까지도 드러낸다. 즉, 외모는 내가 소개하기도 전에 나를 말해주는, 가장 첫 번째로 내미는 '명함'과 같다.

실제로 사람들을 많이 만나는 직업에 종사하는 이들이 "얼굴만 봐도 그 사람에 대해 어느 정도 알 수 있다"고 말하는 것은 그리 허황된 이야기가 아니다. 물론 그렇다고 해서 외모만으로 한 사람에 대한 모든 것을 정확하게 읽어낼 수 있다고 장담할 순 없지만, 그래도 외모에 내면이 상당 부분 드러난다는 것은 자명한 사실이다. 그래서일까? 사실 자신의 모습에 전혀 신경 쓰지 않는 사람들을 만나보면 내면 역시 그리 건강하지 못한 경우가 많았다. 제때 감지 않아 머리에 기름이

끼고 얼굴빛이 칙칙하며 배가 불룩 나온 사람 중에 스스로를 잘 돌보는 사람은 거의 없었다. 눈빛이 흐리고 습관적으로 입꼬리를 내리고 있는 사람들은 실제로도 마음이 어둡고 부정적이었다.

주요 기업의 자문과 교육을 병행하며 CEO들의 멘토로 잘 알려진 한스컨설팅의 한근태 대표는 자신의 저서 『몸이 먼저다』에서 "몸을 관리하면 정신과 마음까지 관리할 수 있다. 몸은 당신이 사는 집이다. 지식이나 영혼도 건강한 몸 안에 있을 때 가치가 있다. 몸은 겉으로 보이는 마음이다. 몸 상태를 보면 그 사람의 마음 상태를 알 수 있다"라는 말로 몸의 중요성을 강조했다. 나는 여기에서 더 나아가 "자신의 외모를 관리하는 일은 내면에 큰 영향을 미치며, 외모에는 내면의 상태가 그대로 드러난다"는 점을 덧붙이고 싶다. 외모 관리를 누군가의 손길에 맡기거나 의지하는 사람이 아닌 이상, 자신을 가꾸는 일은 스스로의 생각과 의지, 그리고 매순간의 선택으로 이루어지기 때문이다.

외모를 별것 아니라고 생각하는 사람들은 외모보다 '정신적 성숙'이 더 중요하다고 말하지만, 사실 내면이 성숙한 사람들의 외모가 그렇지 못한 사람들보다 훨씬 더 보기 좋은 경우가 많다. 특히 매사에 열정을 쏟고 자기계발에 열심인 사람일수록 외모를 가꾸는 일에도 소홀하지 않다.

그간 내가 만나왔던 사회적으로 능력을 인정받고 평판이 좋았던 사람들 대부분은 첫인상에서부터 훌륭한 성품과 프로페셔널한 능력을 가늠케 했다. 〈서울인문포럼〉을 운영하는 배양숙 이사장님은 밝은 표정과 부드러운 카리스마로 특유의 에너지를 내뿜는다. 언제나 깔끔한 메이크업과 정돈된 헤어스타일을 유지하고, 반듯하게 잘 다려진 정장에 자신감 있는 태도를 보여주는 그녀의 성공 비결은 굳이 말로 듣지 않아도 '첫눈에' 짐작할 수 있다. 사람들이 그녀의 말에 귀를 기울이고 신뢰를 느끼는 이유는 능력과 성품을 뒷받침하는 '이미지' 덕분은 아닐까? 단정한 용모 이상으로 일에 있어서도 철두철미하며 성실한 태도를 갖추고 있다는 점은 관련 업계 사람들에게 이미 잘 알려진 사실이다.

　　『체인지』, 『브리꼴레르』 등을 저술하고 세계적인 베스트셀러 『에너지버스』를 번역한 유영만 교수 역시 몸을 만드는 일이 정신 단련에 큰 영향을 미친다는 사실에 깊이 공감하고, 새로운 책의 집필과 함께 '몸만들기 프로젝트'를 시작했다. 몇 달 후 그는 50대 중반의 나이가 무색할 만큼 확연히 달라진 근육질 몸매를 SNS에 공개하며 "몸은 마음이 거주하는 우주"라는 멋진 메시지를 남겼다. 사람들이 그를 보며 깊은 감동을 받았던 이유는 단련된 그의 몸에서 '강인한 정신'과 '굳건한 마음'을 보았기 때문이다. 한 사람의 내면은 호감을 주는 외모가 더해질 때 더욱 빛이 나는 법이다.

우리가 부인할 수 없는 분명한 한 가지는 외모에 나의 내면이 담긴다는 사실이다. 당신의 외모는 지금 세상에 어떤 이야기를 들려주고 있는가?

커리어에 아름다움을 더하라

이제는 외모도 능력으로 평가받는 시대다. 물론 여기에서 말하는 외모란 '타고난 이목구비'를 뜻하지 않는다. '자신의 직업과 위치에 맞게 잘 관리된 모습' 정도로 이해하면 좋겠다. 어느 정도 직장 생활을 경험한 여성이라면 신뢰감이 느껴지며 호감을 주는 외모가 자신의 능력을 더욱 부각시킨다는 사실을 잘 알고 있을 것이다. 실제로 미국의 사회심리학자 앨버트 메라비언(Albert Mehrabian)이 제시한 메라비언의 법칙(The Law of Mehrabian)에 따르면, 상대방의 첫 이미지를 판단하는 기준 중에 말이 차지하는 비율은 고작 7퍼센트에 불과하고, 목소리는 38퍼센트, 외적으로 보이는 시각적 이미지는 무려 55퍼센트에 이른다고 한다. 첫인상을 판단하는 요소에서 '외적 모습'이 결정적이라는 의미다. 한번 잘 생각해보라. 우리는 상대의 외적인 모습이 마음에 들 때 그 사람의 말에 더 귀를 기울이지 않았던가? 최근 외모지상주의가 심각해지면서 외모의 가치에 대해 많은 논란이 오고가고 있지만, 외모가 우리 삶에 큰 영향을 미친다는 사실은 부인할 수 없다.

깔끔하게 외모를 관리한 사람의 말과 행동에 신뢰가 생기는 것은 인지상정, 즉 너무나 자연스러운 일이다. 외모를 잘 관리하면 일, 사랑, 인간관계 모두에서 긍정적인 결과를 얻는 데 유리한 반면, 외모를 관리하지 않고 방치해둔다면 수많은 기회를 잃는 것은 물론 사람들과의 관계에서도 원치 않은 상황을 겪게 될 수 있다. 외모 관리를 등한시할 때 발생하는 문제를 생각해보자. 바스라질 것 같이 상한 머릿결에 마구 엉켜 있는 헤어스타일을 한 사람을 보면 부지런함이 느껴지지 않는다. 피부가 거칠고 푸석한 사람을 보면 삶에 여유가 느껴지지 않고 어딘가 모르게 지쳐 보인다. 사교적인 모임이나 업무적인 자리에 마치 집에서나 입을 법한 옷을 입고 나오면 성의가 없어 보이고, 과도하게 꽉 끼는 옷이나 헐렁한 옷을 입고 나온 사람을 보면 꼼꼼하다는 인상을 받기가 어렵다.

영업 분야에서 일하는 K씨는 실적 압박에 대한 스트레스로 인해 폭식증을 겪었고, 1년 만에 자그마치 15킬로그램이나 몸무게가 늘었다. 맞는 옷이 거의 없어지면서 살찐 몸을 가리고자 매일 어두운 컬러에 헐렁한 옷만 입고 다녔고, 메이크업을 하거나 자신을 꾸미는 일에 귀찮음을 느꼈다. 몸이 급격히 무거워지자 움직임도 둔해지고 조금만 걸어도 지치기 일쑤였다. 그녀는 신규 고객을 유치하기 위해 이리저리 돌아다녔지만, 어딘가 힘들어 보이고 관리되지 않은 그녀의 말에 귀를 기울이거나 제대로 응대해주는 사람은 거의 없었다.

홈쇼핑에 화장품을 공급하는 회사에서 상품기획과 유통을 담당하고 있는 20대 후반의 J씨는 화장품 회사에 다니는 사람이라고는 짐작되지 않을 만큼 지나치게 편해 보이는 옷차림에 메이크업을 거의 하지 않은 얼굴로 나를 찾아왔다. 최근 고객사의 주문량이 줄고 있다고 말하는 그녀에게 상품 담당자로서 외모 관리에 좀 더 신경을 써봄이 어떻겠냐는 제안을 하자, "에이, 저희 제품 품질이 끝내주는데 제 외모가 무슨 상관이에요. 방송에서 소개하는 모델만 예쁘면 되는 거 아닌가요?"라며 반문했다. 나는 앞으로 화장품과 미용기기 상품에 대한 홍보 일을 겸할 것이라는 그녀가 심히 걱정되었다.

혹시 그녀들의 이야기가 남의 이야기처럼 들리지 않는다면 외모의 문제를 꼬집는 것이 너무나 가혹하게 느껴질지도 모르겠다. 하지만 설사 상대방이 나와 가까운 사람일지라도 만날 때마다 헝클어진 모습만 보여준다면 신뢰를 쌓기가 어렵다. 또한 외모가 망가지면 자신의 능력을 제대로 홍보하기 힘들다. 망가진 모습으로는 내가 얼마나 괜찮은 사람인지 설명하는 데 많은 시간과 노력이 필요하지만, 외모를 잘 관리하면 그런 소모 비용을 줄일 수 있는 것은 물론 좋은 기회를 얻을 가능성도 높아진다. 이런 이야기에 반발심을 갖거나 상처받지 말았으면 한다. 보통 사람들이 생각하는 아주 일반적인 이야기이기 때문이다. 당장 자신의 경험부터 생각해보라. 앞에 앉아 있는 상대방의 외모가 비호감이라 느껴질 때 마치 내가 속물 같아도 이미 '그 사람의 다른 면도 별로일 것이다'라고 판단하지 않았던가? 아마도 그 사람은 누군가의 신뢰를 얻으려면 외모가 잘 관리된 사람보다 훨씬 더 많은 노력을 해야 할 것이다.

나는 얼마 전 한 교육 컨설팅 회사의 대표로부터 연락을 받았다. 누구보다도 훌륭한 성품에 방대한 지식을 가진 강사님이 계신데, 관리되지 않은 외모 때문에 수강생들이 강의에 기대감을 가지지 않는다는 사정이었다. 그분이 유달리 외모를 가꾸는 데에 관심이 없는 분인지라 어떻게 설득을 해야 할지 모르겠다며 이미지의 중요성을 일깨워달라고 부탁을 해왔다. 강사님을 실제로 만나보니 브랜드 전략을 이야기하는 사람으로서는 어울리지 않게 올드하고 순박한 이미지를 가진 분이었다. 변화에 앞서 사람들이 기대하는 강사의 이미지에 대해 인지시켜드리자 그녀 또한 자신도 지적인 이미지로 변하고 싶다는 바람을 털어놓았다. 원래 쓰고 있던 답답한 느낌의 두꺼운 뿔테에서 예리하고 분석적인 이미지를 더해주는 금속 테로 안경을 바꾸고, 헤어스타일과 옷차림을 함께 변화시킴으로써 강의 내용과 외적 이미지에 통일감을 주라는 조언을 해주었다. 그후 얼마 지나지 않아 강의에 대한 집중도와 인기가 급격히 상승했다는 뿌듯한 소식을 들을 수 있었다.

또 SNS 스타인 40대 중반의 한 인문학 교수는 셀프 메이크업을 배우고 피부 관리에도 신경 쓰면서 자신의 외모에 더욱 자신감이 생겼다고 고백했다. 동영상 강의 속 에너지 넘치는 그녀의 모습은 단연 매력적으로 보였고, 그래서인지 그녀의 강의와 글은 이전보다 더 큰 인기를 끌고 있다. 그녀가 활동하는 모습에 많은 사람들이 긍정적으로 반응하는 데에는 분명 호감을 주는 외모가 플러스 효과를 주었을 것이라 생각한다.

국내 최고의 MC 유재석은 한 방송 프로그램에 나와 이렇게 말했다. "잘 알려지지 않은 연예인일수록 평소에 더욱 잘 갖추어진 모습을 보여야 한다." 개그맨 후배들에게 자신 또한 그 효과를 본 장본인이라면서, 주변 사람들에게 관리된 모습을 보여주는 것은 '내가 늘 준비된 상태'임을 알게 해준다고 설명했다.

당신이 어떤 일을 하든 당신이 지닌 능력을 돋보이게 하는 데 외모는 큰 역할을 한다. 그동안 스스로 외면보다 내면이 더 아름다운 사람이라며 관리되지 않은 자신의 모습에 안주하고 있었는가? 이제 사람들이 나의 내면을 알아봐줄 것이라는 착각에서 벗어나자. 『군주론』을 쓴 니콜로 마키아벨리(Niccolo Machiavelli)는 이런 말을 했다. "당신이 진짜 어떤 사람인지 아는 사람은 거의 없다. 사람들은 당신이 어떻게 보이는지만 알 뿐이다." 외적 매력을 키우면 당신이 가진 능력과 좋은 성품이 더욱 빛을 발할 수 있다. 그리고 이 사실만 기억한다면 매일 외모를 가꾸고 관리하는 일이 이전보다 훨씬 더 즐겁고 당연하게 받아들여질 것이다. 잊지 말기를 바란다. 현명한 여자는 결코 외모를 무시하지 않는다.

Check! ———————————————

평소에 외모 관리를 소홀히 했던 이유는 무엇인가?

누구나 외모 관리의 중요성을 잘 알고 있지만, 저마다의 사정으로 인해 외모를 방치해두는 경우가 많습니다. 내가 외모 관리에 소홀했던 이유는 무엇인지 솔직하게 체크해보세요

☐ 있는 그대로의 내 모습이 좋아서

☐ 특별히 꾸밀 필요성을 느끼지 못해서

☐ 외모 관리 방법을 잘 몰라서

☐ 귀찮고 피곤해서

☐ 시간적으로나 정신적으로 여유가 없어서

2

아름다움은
이미 내 안에
있다

예쁨과 아름다움은 다르다

여자라면 누구나 아름다워지기를 소망한다. 하지만 아름다워지기 위해 엄청난 노력을 쏟아부어도 결코 아름답다고 느껴지지 않는 사람도 존재한다. 이쯤에서 우리는 아름다움의 실체에 대해 한번 생각해볼 필요가 있다. 아름다움(美)이란 무엇일까? 모든 여성이 아름다움을 동경하지만, 사실 아름다움의 실체를 제대로 분석하거나 생각해본 사람은 거의 없다.

"Beauty is in the eye of the beholder(아름다움이란 보는 사람의 생각에

달린 것이다)"라는 말이 있다. 달리 해석하면 '사람들은 아름다움에 대해 저마다 다른 기준을 가지고 있다'라는 뜻이다. 아름다움은 굉장히 주관적인 가치여서 이를 판단하는 기준 역시 다양하다. 나는 보통의 사람들이 생각하는 아름다움이 무엇인지 알고 싶어 다양한 연령과 직업군의 사람들에게 "어떤 대상을 볼 때 아름다움을 느끼나요?"라고 질문해보았다.

- ♪ 햇살이 비치는 바다 / 옆 선이 곱고 매끄러운 사람 … **마케터 H**
- ♪ 산 정상에서 보이는 풍경 / 이를 드러낸 환한 미소 … **디자이너 K**
- ♪ 눈으로 하얗게 덮인 산 / 여유로움이 느껴지는 얼굴 … **컨설턴트 K**
- ♪ 뽀얗고 하얀 아기의 살결 / 동그랗고 매끄러운 이마 … **취업준비생 L**
- ♪ 매끈한 다리 / 적당히 근육이 잡힌 남자의 가슴 … **피부관리사 P**
- ♪ 클림트의 키스 / 사랑에 빠진 여자의 그윽한 눈빛 … **화가 C**
- ♪ 촉촉한 선홍빛 피부 / 붉고 선명한 입술 … **대학생 C**
- ♪ 밀라노 두오모 성당의 살굿빛 외벽 / 길고 매끈한 손가락 … **비서 C**

이처럼 저마다 아름다움을 느끼는 대상은 달랐다. 개인의 경험과 취향 차이 때문이다. 하지만 "아름다운 대상을 마주하고 보는 것만으로도 기분이 좋아진다"는 의견은 공통적이었다. 아름다움에 대한 사전적 정의는 '감각적인 기쁨을 주는 대상의 특성, 마음을 끌어들이는 조화(Harmony)의 상태'다. 다시 말해 아름다움이란 사람의 마음을 끌어당기고, 기쁨과 즐거움, 만족을 느끼게 하는 것이다.

솔직히 말해 나는 유난히 미인을 좋아한다. 같은 여자임에도 불구하고 미인을 보면 나도 모르게 눈길이 가고 친해지고 싶다는 기분까지 든다. 내가 만난 대부분의 여성들 또한 미인에게 더 호감을 느낀다고 이야기했다. 여자도 그럴진대 남자는 어떠할까? 심지어 아기들도 미인을 보면 더 많이 눈을 마주친다는 연구 결과가 있다. 텍사스 대학의 발생심리학자 주디 랭로이스(Judy Langlois)는 석 달에서 여섯 달까지의 젖먹이들에게 각기 다른 매력을 지닌 여학생들의 얼굴을 보여준 뒤 아기들의 눈동자 움직임을 관찰했다. 그 결과 아기들은 어른들이 최고로 예쁘다고 평가한 얼굴을 가장 오랜 시간 쳐다보았다. 남녀노소 누구나 미인을 좋아한다는 사실은 부인할 수 없는 명제다.

우리는 왜 이토록 미인을 좋아할까? 이에 대한 대답은 한국인의 얼굴과 한국 문화의 상관성을 연구해온 조용진 박사의 저서 『미인』에서 찾아볼 수 있다. 그는 이 책에서 미인이란 "유쾌함을 주는, 기분이 좋아지는 얼굴"이라고 정의 내렸다. 즉, 보기만 해도 나도 모르게 기분 좋아지는 사람이 바로 미인이라는 뜻이다.

그렇다면 "어떤 사람이 미인(美人)인가요?"라는 질문에 대해 사람들은 어떤 대답을 했을까? 답을 조합해보면 대략 이렇다.

"작고 갸름한 계란형 얼굴, 매끄럽고 깨끗한 피부, 크고 맑은 눈

망울, 오뚝한 콧날, 적당히 붉고 도톰한 입술, 볼륨감 있고 날씬한 몸매……."

이렇게 미인의 조건에 대한 윤곽이 나오자 나는 사람들에게 다시 물었다.

"그럼 아름다움이 느껴지는 사람은 어떤 사람인가요?"

    ♬ 긍정적이고 밝은 에너지가 느껴지는 사람 … **강사 L**

    ♬ 자신의 감정을 솔직하고 당당하게 드러내는 사람 … **주부 H**

    ♬ 자신의 일에 열정적이고 최선을 다하는 사람 … **기자 K**

    ♬ 모습과 행동이 조화롭고 항상 예의 바른 사람 … **교사 J**

    ♬ 자신보다 남을 먼저 위하는 배려 있는 사람 … **공무원 L**

    ♬ 드러나지 않아도 묵묵히 선행을 베푸는 사람 … **회사원 C**

이상하게도 사람들은 미인의 조건과 달리, 아름다운 사람의 조건에 대해서는 '외모'가 아닌 '내면'에 해당하는 자질을 꼽았다. 분명 미인은 '아름다운 사람'이라는 뜻임에도 불구하고 "어떤 사람이 미인인가요?"라는 질문과 "아름다운 사람은 어떤 사람인가요?"라는 두 질문의 대답에는 큰 차이가 있었다.

사실 우리는 아름답다는 의미를 외모에만 한정하여 생각하지 않는다. 어떤 사람을 보고 아름답다고 말할 때는 단순히 외모뿐만 아니라 그 사람의 분위기나 표정, 태도, 감동을 주는 행동에 영향을 받는다. 그러기에 한 사람에게서 느껴지는 아름다움은 '매력'과 동의어로 봐도 무방하다. 매력은 '사람을 끌어당기는 힘'이다. 아무리 외모가 뛰어난 미인이라도 이를 뒷받침하는 태도와 행동이 없으면 전혀 아름답게 느껴지지 않는다. 반대로 미인이 아니더라도 기분 좋은 끌림이 있으면 그 사람은 분명 아름답게 느껴지고 매력적으로 보인다.

가수 '악동뮤지션'의 이수현 양은 처음 방송에 나왔을 당시만 해도 대중으로부터 '예쁘지 않다'는 평가를 들었다. 하지만 그녀 특유의 청량한 목소리와 해맑은 미소로 많은 이들에게 호감을 주었고, 지금은 자신을 돋보이게 하는 스타일이 더해짐으로써 외모가 크게 변하지 않았음에도 '예쁘다', '매력적이다'라는 평가를 받고 있다.

또 가수 유희열 씨는 타고난 미남은 아니지만 남다른 음악적 재능과 재치 넘치는 언변으로 일명 '뇌섹남(뇌가 섹시한 남자)' 반열에 올랐다. 얼마 전 출연한 오디션 프로그램에서 참가자들을 진심으로 걱정하고 칭찬해주는 그의 배려 깊은 모습을 보며 나는 빛나는 아름다움을 느꼈다.

아름다움을 평가하는 우리의 관점은 그날의 마음 상태에 따라서도 달라진다. 이전에는 아름답게 느껴졌던 사람이 어떤 행동으로 인해 갑자기 추하게 느껴질 수도 있고, 어제까지 아무런 관심도 가지 않았던 사람이 오늘 어떤 계기로 인해 아름답고 멋져 보일 수 있다. 하지만 그럼에도 아름다운 사람이 되기 위한 조건은 분명하게 존재한다. '육체와 정신이 건강하고, 언제나 스스로를 잘 관리하며, 긍정적인 에너지를 내뿜는 사람', 어느 누구든 이런 사람을 만나면 금세 기분이 좋아지고 아름다움을 느끼지 않을까?

Think! ――――――――――――――――――――

내가 생각하는 아름다움이란 무엇인가?

나 자신에게 아름다움에 대한 질문을 던져보세요. 내가 원하는 아름다운 모습과 앞으로 어떻게 변하고 싶은지를 알 수 있습니다.

■ 무엇을 볼 때 아름답다고 느끼는가?

_____

_____

■ 어떤 사람을 볼 때 아름답다고 느끼는가?

_____

_____

■ 어떤 순간에(무엇을 할 때) 내 모습을 아름답다고 느끼는가?

_____

_____

_____

■ 내가 알고 있는 사람(연예인 또는 유명인 포함) 중
  가장 아름답다고 생각되는 사람은 누구인가? 그 이유는 무엇인가?

_____

_____

_____

■ 그렇다면 내가 생각하는 아름다움이란 무엇인가?

_____

_____

_____

좋은 외모보다 기분 좋은 외모

"좋은 외모란 어느 정도의 외모를 말할까요?"라고 물어보면 대부분의 사람들은 연예인처럼 예쁘고 잘생긴 얼굴을 떠올린다. 구체적으로 대상을 짚어 이야기해보라고 하면, 역시 누구나 익히 아는 뛰어난 외모를 지닌 톱배우들의 이름을 줄줄 나열한다. 그리고 "당신도 그런 모습이 될 수 있을까요?"라고 물어보면 하나같이 고개를 내젓는다.

"그건 말도 안 돼요. 다시 태어난다면 모를까……."

사실 사람들이 이상적으로 생각하는 '좋은 외모'의 기준은 저마다 다르며, 스스로 만족감을 느끼는 외모의 정도도 차이가 있다. 하지만 누구에게나 호감을 주는, 즉 '기분 좋은 외모'의 기준은 의외로 분명하다. "기분 좋은 외모란 무엇일까요?"라고 물어보면 많은 사람들이 꽤나 공통된 대답을 내놓는다. 나는 간단한 조사를 통해 보통 사람들이 어떤 외모에서 호감을 느끼는지 알아보았다.

- ♪ 미소를 머금은 밝은 표정
- ♪ 허리를 곧게 편 바른 자세
- ♪ 맑고 깨끗한 피부
- ♪ 건강하고 탄력 있는 몸매
- ♪ 단정한 헤어스타일
- ♪ 때와 장소에 어울리는 깔끔한 옷차림

만약 내 앞에 이 조건을 만족시키는 이성이 있다고 생각해보자. 어떤가? 벌써 기분이 좋아지고 호감이 느껴지지 않는가? 그런데 이 조건들을 자세히 들여다보면 우리가 '좋은 외모'를 떠올렸을 때 꼭 필요하다고 생각하는 조건들, 즉 '타고난 키나 얼굴 크기, 이목구비'가 포함되어 있지 않다는 사실을 확인할 수 있다. '호감을 주는 외모'의 조건들은 다시 태어나지 않아도 누구나 기울일 수 있는 작은 노력과 관심만으로도 얻을 수 있다.

나는 종종 강의를 하며 수강생들에게 "어떤 사람을 볼 때 기분이 좋아지나요?"라고 질문을 한다. 그러면 대부분 어김없이 "예쁘고 잘생긴 사람이요"라고 대답한다. 그런데 뒤이어 "매우 잘생긴 남자나 예쁜 여자가 삐딱한 자세로 서서 거만한 표정을 짓고 있다면 어떨까요? 그래도 기분이 좋나요?"라고 물어보면 모두 "아니요. 기분이 나쁠 것 같아요"라며 태도를 달리한다. 이처럼 아무리 예쁘고 잘생긴 얼굴을 가졌더라도 '기분이 좋아지는', '호감을 주는' 외모의 조건을 갖추지 못하면 절대로 매력적인 사람이 될 수 없다. 입꼬리가 올라간 밝은 표정, 허리를 바르게 세운 자세, 깨끗하게 정돈된 피부, 나에게 어울리는 패션 스타일링은 큰돈을 들이지 않아도 누구나 가질 수 있다. 더불어 호감을 주는 외모의 조건들은 다른 사람에게 의존하여 얻어지는 것이 아니라 온전히 자신의 선택과 의지, 노력에 의해 이루어진다.

나는 얼마 전 외모 콤플렉스가 심하다며 이미지 컨설팅을 신청한

20대 후반의 한 여성을 보고 무척 의아함을 느꼈다. 170센티미터 정도 되는 키에 누구나 부러워할 만한 볼륨감 있는 체형이었고, 얼굴 또한 꽤 미인이었기 때문이다. 그런 그녀가 왜 그리 매력적으로 느껴지지 않는지 자세히 살펴보니, 푸석한 피부에 생기 없는 표정, 구부정한 등으로 인해 우울해 보이는 분위기가 결정적으로 타고난 매력을 반감시키고 있었다. 그녀는 분명 우리가 생각하는 '좋은 외모'를 가졌음에도 다른 이에게 호감을 주는 '기분 좋은 외모'가 아니었다.

만약 당신의 꿈과 목표가 외모로 주목받는 모델이나 연예인이 아니라면, 더 이상 가질 수 없는 외모의 조건들을 떠올리며 한숨짓지 말기를 바란다. 타고나지 않은 이상 그런 외모를 가지기 위해서는 물리적인 방법들을 동원해야 하지만, 누구에게나 호감을 주는 '기분 좋은 외모'는 긍정적인 태도와 자신의 삶 속에서 스스로를 가꾸고자 하는 의지만으로도 충분히 얻을 수 있다. 이제 외모의 목표를 보다 현실적이고 효율적으로 잡아보자. 지금 당신은 연예인급 외모에 도전할 것인가, 아니면 작은 습관과 노력으로 누구에게나 호감을 주는 '기분 좋은 외모'를 만들 것인가?

나는 함께 있고 싶은 사람인가?

우리는 왜 끊임없이 예뻐지고 싶어 할까? 왜 날씬한 몸매를 갖기 위해 365일 다이어트를 멈추지 않고, 세련된 옷차림을 위해 쇼핑에 몰두할까? 아름답게 외모를 가꾸고 싶은 마음은 자기만족을 위한 인간 본연의 심리다. 하지만 단순히 자기만족만을 위해 아름다움을 추구한다고 하기엔 어딘가 석연치 않은 부분이 있다. 왜일까? 사실 우리 모두는 자신의 아름다움을 통해 타인의 호감을 이끌어내고 싶다는 본능을 가지고 있기 때문이다.

첫인상에 영향을 주는 요소 중 첫 번째로 '외모'를 꼽는 이유는 외모가 '상대방을 알아보기에 가장 쉽고 빠른 단서'이기 때문이다. 소개팅이나 면접에서도 유리한 외모는 분명 존재하며, 첫 만남에서 보이는 외모는 이후의 관계에까지 영향을 미친다. 사실 외모로 상대방을 판단하는 태도는 인간의 아주 오래된 행동 양식이다. 물론 눈에 보이지 않는 내면의 소양이 외적 모습보다 훨씬 더 중요하다는 사실을 잘 알고 있지만, 그럼에도 첫인상으로 사람을 판단하는 문화나 본능이 사라지지는 않는다. 그래서일까? 보이는 모습과 실제 그 사람이 다를 수 있다는 걸 알면서도 우리는 자신도 모르게 상대방의 외모가 어떠한지에 따라 그를 대하는 태도를 달리하곤 한다.

첫인상에서 호감을 얻는 것뿐만 아니라 지속적으로 상대방과 좋은 관계를 유지하기 위해서는 무엇보다도 나 자신이 '함께 있고 싶은 사람'으로 느껴져야 한다. 그렇다면 함께 있고 싶은 사람이란 어떤 사람을 말하는 걸까? 긍정적이고 친절한 성격, 말을 경청하고 공감해주는 태도, 멋진 비즈니스 매너 등 수많은 조건이 있지만, 이 책에서는 특별히 외적인 요소와 느낌으로 한정하여 설명하고자 한다. 하지만 미리부터 걱정하지 말길 바란다. 앞서 '기분 좋은 외모'의 조건에서 설명했듯이 전혀 불가능한 이야기를 언급하지는 않을 테니 말이다.

일단 당신이 평소에 밝고 부드러운 표정을 짓고 있다면 함께 있고 싶은 사람이 될 가능성이 크다. 긍정적인 태도와 마음가짐을 가졌다는 사실을 만나는 사람들에게 전달하기 때문이다. 거기에 깨끗한 피부와 정돈된 헤어스타일, 상황과 체형에 맞는 옷차림을 하고 있다면 누구나 당신에게 호감을 느낄 것이다. 이렇게 언급된 외적인 조건만 살펴보아도 내면의 건강함이 외면으로도 자연스럽게 투영되어 나타난다는 사실을 알 수 있다. 이는 단순해 보이지만 결코 하루아침에 얻을 수 있는 것들이 아니다. 더불어 잘 관리된 모습은 당신이 스스로에게 관심과 정성을 쏟고 있다는 점을 미루어 짐작하게 한다.

그런데 반대로 예쁘고 멋진 이목구비와 신체조건을 갖추고 있다고 해도 우울하거나 어색한 표정을 짓고 구부정한 자세에 어울리지 않는 옷을 입고 있다면 누구에게든 호감을 주기가 어렵다. 인간에게는 부정적인 느낌을 주는 사람과는 관계를 맺고 싶어 하지 않는 일종의 본능이 있기 때문이다.

곧 대학 졸업을 앞둔 J양은 사람들과 쉽게 어울리지 못한다. 누군가와 함께 있는 것보다 혼자 지내는 시간이 훨씬 편해 외출도 거의 하지 않는다. "그동안 다른 사람에게 잘 보이고 싶다는 마음이 전혀 없었어요. 나를 가꿔야 할 필요도 느끼지 못했고요"라고 말하는 그녀는 늘 눈에 잘 띄지 않는 어두운 컬러의 옷만 입고, 메이크업도 하지 않은 민낯으로 학교에 다닌다. 굳게 다문 입술에 한껏 움츠린 자세로 침울해 보이기까지 한 그녀의 모습을 보니, 누구라도 쉽게 다가가기 어려웠을 거란 생각이 들었다.

반면 B양 주변에는 늘 사람이 끊이질 않는다. 눈에 띄게 예쁘거나 늘씬하진 않지만 자신에게 어울리는 패션 스타일을 연출하고, 매력적인 눈웃음을 짓기 때문이다. 나 또한 자주 그녀를 만나고 싶다고 생각하는데, 그녀의 밝은 표정과 행복한 웃음이 나에게까지 좋은 에너지를 전파하기 때문이다. 그녀의 다이어리에 적힌 빼곡한 일정을 보니 이는 비단 나만 느낀 감정이 아니라는 생각이 든다.

나와 함께 있는 사람이 매력적이라고 생각이 되면 나의 가치도 상승한다고 느끼는 감정을 심리학에서는 '긍정적 복사 효과'라고 한다. B양의 경우처럼 긍정적인 느낌의 외모를 가진 사람과 함께 있으면 자신 또한 영향을 받아 좋은 기분을 느끼게 될 가능성이 크다. 보기 좋은 외모를 가진 사람에게 끌리는 이유 중 하나는 '자신에게 미치는 긍정적인 영향'을 생각하기 때문이다. 또한 매력적인 사람을 볼 때 우리의 뇌에서는 맛있는 음식을 먹거나 좋은 음악을 들을 때 또는 금전적 이익을 얻었을 때 감정을 조절하는 안와전두엽 피질이 활성화된다. 매력적인 사람에게 끌리는 사람들의 속성을 단순히 속물적인 마음으로 치부해버릴 일은 아니라는 이야기다.

함께 있고 싶은 사람이 되면 인간관계에서 보다 유리한 위치에 설 수 있고, 깊은 관계로 발전하는 데에도 더 효율적이다. 실제로 우리는 누구나 함께 있고 싶은 사람과 친구가 되고 동료가 되며 지속적인 관계를 맺고 싶어 한다.

지금 거울 속 내 모습은 어떠한가? 나는 거울 속 나와 친구가 되고 싶은가? 내가 느끼기에 나는 함께 있고 싶은 사람인가? 나에게 한번 질문해보길 바란다.

3

어떤 삶을 살든
아름다워야 할
권리가 있다

아름다움에도 공부와 연습이 필요하다

여성이라면 누구나 아름다워지기를 원하고 타인에게 호감을 주길 원한다고 했지만, 사실 이미지 컨설팅을 진행하다 보면 "저는 특별히 예뻐지거나 누군가에게 잘 보이고 싶은 마음이 없어요"라고 이야기하는 여성도 의외로 상당했다. 처음엔 솔직히 그 이야기가 잘 이해되지 않았다. 여자라면 누구나 아름다워지고 예뻐지고 싶어 하는 게 당연한 것 아닌가? 알고 보니 그 이야기의 속뜻은 '눈에 띄는 건 부담스럽다', '나는 외모로 특별히 주목받고 싶은 생각이 없다', '외모를 위해 지속적으로 시간과 비용, 에너지를 투자하고 싶지 않다'였다. 특히 외모에 가치나 의미를 두지 않았던 사람일수록 자신의 이미지가 달라지고 외모로 주목받게 되는 상황을 부담스럽게 생각하는 경향이 있다. 마치 내가 아닌 것 같은 어색함과 불편함을 느낀다는 것이다. 자신의 변화가 주위 사람들에게 혹여 이상하게 보이거나, 의아하게 여겨질까 두려워했다. 누군가에게 잘 보이고 싶은 마음은 없다고 했지만 사실은 타인의 눈을 지나치게 의식하기도 했다. 그녀들의 마음을 들여다보니 예뻐지는 것은 자신과 거리가 먼 것이라 생각하거나 굳이 예쁠 필요는 없다고 생각했다. 마음속으로는 분명 호감 가는 이미지로 변해야겠다고 다짐하면서도, 예쁘게 보이는 것을 부정적인 것으로 간주하고, 외모 관리를 '수준 낮고 쓸데없는 일'로 치부하는 성향이 강했다.

오랜 고민 끝에 나를 찾아왔다는 30대 후반의 금융컨설팅 회사 대표 L씨는 선하고 동글동글한 인상의 소유자였다. 하지만 그녀는 사람들이 자신을 너무 편하게 인식하는 것 때문에 오히려 자신을 대표로 보지 않거나, 예의 없이 대하는 불편한 경험을 자주 했다고 고백했다. 더군다나 최근에는 거의 관리되지 않은 외모 때문에 사람들로부터 지쳐 보인다거나 아파 보인다는 말을 자주 들었다며, 이제는 전문성 있고 매력적인 이미지로 변하고 싶다는 바람을 털어놓았다. 그녀에게 왜 그동안 자신을 가꾸지 않았느냐고 묻자, "꾸미는 데 관심이 없기도 했고 어떻게 꾸며야 할지도 모르겠더라고요. 사실은 외모를 가꾸는 일이 하찮고 불필요하게 느껴졌어요. 왠지 치열하게 사는 느낌을 주는 것 같아 자랑스럽기도 했는데……"라며 쓸쓸한 미소를 지었다.

L씨의 사례처럼 외모가 한 사람의 이미지 형성에 얼마나 큰 역할을 하는지 인식하지 못하는 사람들은 외모 관리를 그저 '귀찮고 쓸데없는 일'로 여긴다. 하지만 그녀는 컨설팅 이후 매일 자기 자신의 내면과 외면 상태를 살펴보고 관리하는 연습을 하면서 세련되고 당당한 이미지를 되찾았다. 겉모습이 달라지면서 주변 사람들로부터 받는 칭찬이 처음엔 어색하고 쑥스러웠지만, 시간이 지나면서 보기 좋은 자신의 모습에 점점 익숙해졌고 이렇게 아름다움을 느끼는 일이 얼마나 뿌듯하고 행복한지를 깨닫게 되었다. 그녀는 이제 더욱 자신에게 애정 어린 관심을 보내고 적극적으로 사회적 이미지에 맞게 외모를 관리할 것을 약속했다. 이전과는 다른 모습으로 변화하고 아름다워지기 위해서는 용기가 필요하다. 평범하고 눈에 띄지 않는 모습을 뒤로 하고 아름다워지겠다고 다짐할 때 비로소 진짜 아름다워질 수 있다.

프랑스 출신의 수필가 도미니크 로로(Dominique Loreau)는 저서 『심플하게 산다』를 통해 '아름다운 모습을 유지하기 위해 노력하는 것은 예술 작품을 만드는 일만큼 가치 있는 행위'라고 주장했다. 나 역시

'아름다운 모습을 원하는 마음은 경박한 욕심이 아니라 자기 존중의 시작이며, 아름다움은 공부와 연습, 그리고 노력으로 얻어지는 것'이라는 그녀의 생각에 전적으로 동의한다.

외모 관리는 나에게 보내는 최상의 격려다

우리는 거울에 비친 내 모습이 조금 더 나아 보이는 것만으로도 큰 행복을 느낀다. 사진 속 얼굴이 마음에 들 때 그 모습이 실제 나인 것 같은 기분 좋은 착각을 하고, 화장 후 달라진 모습을 보며 자신감을 얻는다. 물론 일시적인 만족감일 수 있지만 분명 그 순간만큼은 '나는 꽤 괜찮은 사람이야'라는 생각과 함께, 자존감이 높아져 적극적이고 당당해진다. 이렇듯 외모는 개인의 정체성에 절대적인 영향을 미치며, 기분이 좋아지는 외모는 자신에게 보내는 긍정의 신호로 작용한다. 여러 심리학 연구에서도 사람들은 자신의 외모에 만족감을 느낄 때 타인과의 관계에서도 우호적인 성향을 보인다고 이야기한다.

20대 후반의 대학원생 A씨는 최근 이미지 컨설팅을 받은 후 자신의 모습이 확연히 아름다워진 것 같다고 이야기했다. 얼굴의 장점을 살려 메이크업을 하고, 매일 자연스러운 미소를 연습하면서 스스로에게 만족감이 생겼고, 사람들로부터 칭찬받는 횟수가 늘면서 인정받는 기분을 느꼈다고 했다. 옷차림에도 조금씩 신경 쓰자 주변으로부터 스타일이 좋아졌다는 말을 들었으며, 처음 만나는 사람들도 자신에게 호감을 보이니 새로운 장소나 모임에 나가는 일이 즐거워졌다고 말했다. 무엇보다 스스로 아름다워졌다고 생각하니 행동에 자신감이 생기고 자존감이 높아졌다며, 왜 아름다워지는 데에 적극적으로 노력하지 않았는지 과거의 자신이 참 어리석게 느껴졌다고 고백했다.

남의 이목이나 관심 따위에는 흥미가 없다고 말하는 사람도 많다. 하지만 사실 사회생활을 하는 모든 사람은 최소한 내 앞에 있는 상대방이 나에게 관심을 보이고 내 말에 귀 기울여주기를 바란다. 상대방이 나에게 관심을 갖는다는 것은 다른 말로 자신을 중요한 존재로 여긴다는 의미이기 때문이다.

최근 외모와 관련해 흥미로운 연구 결과를 발표한 논문이 있었다. '머리가 좋은 여성일수록 성인이 되면 어렸을 때보다 외모의 수준이 상승할 가능성이 높다'는 게 핵심 내용이었다. 즉, 머리가 좋은 여성은 외모의 긍정적 효과를 그대로 인정하고 외모를 지속적으로 가꾸기 위해 노력하므로, 타고난 외모가 훌륭하지 않아도 성인이 되면 점차 아름다워진다는 의미다. 지금 당신이 알고 있는 성공한 여성들을 한 번 떠올려보길 바란다. 자신을 가꾸는 데에 소홀한 사람이 있는가? 만약 그런 사람이 없다면 그 논문의 결과가 어느 정도 입증되었다고 볼 수 있지 않을까?

우리는 자신에게서 충분한 만족감을 느끼고 상대방에게 호감을 주며 행복하고 당당하게 살기를 꿈꾼다. 행복한 삶을 위한 필수 조건은 자존감, 즉 나를 존중하고 긍정하는 마음이다. 나를 가꿈으로써 스스로 아름답다고 생각하는 믿음은 나를 격려하고 마음속에 자존감을 드높여줄 것이다. 어떤 삶을 살든 우리는 아름다워야 할 권리가 있다.

4

변화를 원한다면
변하고 싶은
이유부터 찾아라

이유와 목적 없이는 절대로 변하지 않는다

나는 이미지 컨설팅을 받으러 온 사람들에게 늘 이렇게 질문한다.

"정말 지금의 모습에서 달라지기를 원하시나요?"

외모를 변화시키기 위해 찾아온 사람에게 너무 당연한 질문을 하는 게 아닌가 하고 생각할지도 모르겠다. 하지만 의외로 변화를 원하면서도 지속적으로 노력하지 않고 결국에는 변하지 못하는 사람이 정말로 많다. 대체 왜 그런 걸까?

커리어우먼으로 보이고 싶다는 20대 중반의 K양은 스타일에 변화를 주어야겠다며 나를 찾아왔지만, 정작 함께 쇼핑을 해보니 운동화에 어울리는 청바지와 티셔츠만 열심히 골랐다. 왜 그런지 이유를 묻자 아직까지는 동네에서 친구들과 만나는 시간이 많아 캐주얼한 스타일이 편하다고 대답했다. 조금 더 이야기를 나눠보니, 커리어우먼으로 보이고는 싶으나 아직은 자신이 경력을 더 쌓아야 해서 당장은 스타일 변화의 필요성을 느끼지 못한다고 했다. 그녀에게는 현재의 모습에서 특별히 변해야 할 이유와 목적이 없었다. 매일 편한 옷만 골라 입던 그녀가 하루아침에 세련된 스타일로 바뀌기란 불가능해 보였다.

3개월 동안 몸무게가 10킬로그램이나 늘었다는 여대생 K양은 옷이 죄다 작아졌다며 극단적인 다이어트라도 해야겠다고 결심을 했다. 하지만 그녀의 책상에는 여전히 과자가 널브러져 있었다. 살을 빼고 싶다면서 왜 그렇게 과자를 많이 먹느냐고 묻자, 그녀는 한숨을 쉬며 이렇게 말했다. "취업 준비 때문에 스트레스를 받으니 먹는 걸로 풀게 되더라고요. 사실은 남자친구가 살찐 제 모습도 예쁘다고 말해주니 다이어트에 대한 의욕이 계속 꺾이고요." 그녀에게도 살을 빼야 할 분명한 이유와 목표가 부족했다.

많은 여성들이 살을 빼야 한다고 말하면서도 정작 다이어트를 제대로 실천하지 못하는 게 현실이다. 수많은 다이어트 비법을 알고 있음에도 성공하지 못하는 건 다이어트를 해야 할 분명한 이유와 목적이 없기 때문은 아닐까? 건강 관리 역시 마찬가지다. 어떻게 하면 건강을 지킬 수 있는지 잘 알고 있으면서도 자신의 건강을 위해 매순간 노력하는 사람은 많지 않다. 그렇다면 건강 관리를 열심히 하는 사람과 그렇지 않은 사람의 차이는 무엇일까?

인생에서 건강이 정말로 중요하다고 생각하는 사람은 '건강을 한번 잃어본 후 그 중요성을 절실히 깨달은 사람'이다. 건강을 잃었을 때의 불이익과 건강했을 때 자신이 얻게 되는 유익을 본인 스스로 잘 인지하고 있을 때 누가 시키지 않아도 건강 관리를 위해 노력하게 되는 것이다. 즉, 건강해야 할 이유와 목적이 뚜렷해진 결과다.

만약 내가 마음껏 먹어도 살찌지 않는 체질과 별다른 관리 없이도 깨끗하게 유지되는 피부를 가졌다면, 또 누구에게나 호감을 주는 인상이었다면 외모 관리를 위해 그토록 열심히 노력하지 않았을 것이다. 하지만 실제로 나는 살이 잘 찌는 체질과 심하게 건조한 피부 때문에 고민이 많았고, 차가운 인상으로 인해 사람들로부터 뜻하지 않은 오해를 많이 샀다. 나에게는 외모를 관리해야 할 분명한 이유가 있었기 때문에 단점을 개선시킬 수 있었다. 지금도 다소 깍쟁이처럼 보이는 인상 때문에 종종 오해를 사곤 하지만 그래도 이전과 비교하면 훨씬 더 많은 사람들이 나를 긍정적이고 밝게 봐준다. 나이가 들수록 매력적인 모습으로 보이고 싶으며 만나는 사람들에게 호감을 주고 싶다는 바람은 나를 지속적으로 관리하게 만드는 큰 원동력이다.

　본래 사람은 잘 변하지 않는다. 더욱이 스스로 변화를 원하지 않으면 아무것도 변화시킬 수 없다. 지금껏 수없이 변화를 결심했지만 좀처럼 변하지 못했다면 방법이나 스킬을 더 익힐 게 아니라 변하고 싶은 내 마음부터 돌아보길 바란다. 모든 변화의 시작은 '간절히 원하는 마음'에서부터 비롯되니까 말이다.

Think! ———————————————

왜 나는 외모를 관리해야 하는가?

외모를 관리해야 할 이유와 목적이 없으면 지속적으로 내 모습을 개선해나가기가 어렵습니다. 내가 변해야 할 이유는 무엇인가요? 변화 후 내 삶은 어떻게 달라질까요?

- 외모를 제대로 관리하지 않으면 어떤 결과를 맞이하게 되는가?

  _____

  _____

- 외모를 변화시키고 싶은 가장 큰 이유는 무엇인가?

  _____

  _____

- 원하는 수준으로 외모가 변화한다면 무엇을 얻을 수 있는가?
  (외모 관리의 목적)

  _____

  _____

세상이 만든 기준에 휩쓸리지 마라

외모를 바라보는 사람들의 태도는 매우 극명하게 나뉜다. 외모를 인생에서 가장 중요한 가치로 여기고 지나치게 집착하는 사람이 있는가 하면, 반대로 외모에 대한 언급조차 불편하게 여기는 사람이 있다. 특히 많은 사람들이 외모에 대해 아이러니한 가치관을 가지고 있다. 겉으로는 외모가 사회생활을 하는 데 무척 중요하다고 인정하면서도, 속으로는 인간관계나 일에 깊이 영향을 줄만큼 그렇게 중요한 것은 아니라고, 혹은 그만큼 중요하게 여겨서는 안 된다고 생각한다. 관리되지 않은 자신의 외모에 대해 자괴감을 느끼면서도 입 밖으로는 외모를 관리하는 사람들의 노력을 폄하하거나 비난하는 일도 서슴지 않는다. 외모를 가꾸는 일이 지나치게 타인을 신경 쓰는 행위이며, 시간 낭비, 돈 낭비, 겉포장에 지나지 않는다고 여긴다.

외모 관리를 불편하고 귀찮은 일이라 생각하지만 데이트나 직장 생활 등 남의 시선 때문에 억지로 관리했던 사람들은 외모 관리의 이유를 잃어버리거나 그 목적이 희미해지면 자연스레 나를 가꾸는 일에 소홀해지곤 한다. 신경 쓰지 않고 편안하게 있고 싶은 현재의 감정과 욕구에 따라 행동하게 되는 것이다. 결혼 후 혹은 직장 생활을 그만두면서부터 외모에 급격한 변화가 찾아오는 것도 그 때문이다. 특히 인간관계나 대외 활동에 대해 피곤함을 느끼고 멀리하는 사람일수록 외모 관리를 등한시할 가능성이 높다.

얼마 전 공개강의에서 만났던 30대 중반의 학원 강사 L씨는 '외모를 가꾸는 일은 내 삶을 위한 것'이라는 주제의 강의를 듣는 내내 진지한 표정을 지었다. 며칠 후 나를 만나러 온 그녀는 자신이 결혼 이후 줄곧 맞벌이를 하며 육아와 바쁜 업무 때문에 단 하루도 자기를 위해 제대로 시간을 써본 적 없다며, 출산 이후 급격히 변해버린 외모 때문에 남편으로부터 자주 조롱을 받았고 현재는 사이가 좋지 않아 별거 중이라고 고백했다. 무엇보다 심각한 것은 단기간에 살이 많이 찌면서 건강에도 이상 신호가 나타났고, 움직이기도 너무 힘들다며 고민을 털어놓았다. 오랜 상담 끝에 그녀는 지금껏 마음속에 품고 있던 숨겨둔 이야기를 꺼내놓았다. 실은 어린 시절부터 너무 예뻤지만 나쁜 남자들을 만나며 인생이 망가진 고모를 보면서 늘 부모님으로부터 "외모를 꾸미는 여자는 경박하다"는 이야기를 들었다고 했다. 지금껏 누구보다도 열심히 살아왔지만 자신도 모르게 외모를 가꾸는 일은 '남자에게 잘 보이기 위한 것'이라 생각했고, 남편과의 사이가 멀어질수록 더욱 관리를 기피해왔다고도 했다. 하지만 그녀의 진짜 문제는 변해버린 외모가 아니라, 스스로의 모습을 바라보는 것조차 어려울 정도로 떨어져버린 '자존감'이었다.

『드림 레시피』, 『멈추지 마, 다시 꿈부터 써봐』를 집필한 김수영 작가는 외모에 대해 가지고 있던 부정적인 생각과 마음이 바뀌면서 정말로 아름다워지는 경험을 했다고 고백했다. 한때 그녀는 외모에 대해 열등감이 있었고, '내면만 아름다우면 됐지'라는 생각으로 자신을 가꾸는 데 크게 신경 쓰지 않았다. 하지만 외모를 가꾸는 일이 자신의 삶을 사랑하는 것임을 알게 된 뒤부터는 적극적으로 자신을 가꾸는 데에 노력하게 되었고, 사람들로부터 아름다워졌다는 칭찬을 듣는 것은 물론 스스로도 자신의 아름다움을 느낄 수 있게 되었다고 했다. 자신을 사람들에게 내보이는 것에 당당해졌으며 앞으로 더욱 아름다워질 자신감도 되찾았다고 했다.

스스로를 아름답다고 생각하는 여성은 자존감이 높고 독립적이다. 외모에 당당할수록 자신을 더 소중하게 여기고 다른 사람들에게 의존하지 않는다는 뜻이다. 거울 속 자신의 모습에서 만족감을 얻고, 언제 어디서나 당당해지고 싶다면 일정 수준의 외모 관리는 반드시 필요하다. 외모에 불만이 많은 사람들은 그렇지 않은 사람들에 비해 건강한 자아상을 갖기 어려울 뿐만 아니라 대인 관계에서도 적극적인 태도를 보이기 어렵다. 내면이 한 사람의 태도와 행동을 결정짓듯이, 외모 또한 생각과 태도, 성격에 많은 영향을 미친다.

이제부터 외모 관리를 '더욱 멋지고 아름다운 나를 만나기 위한 즐거운 여정'이라 생각해보길 바란다. 자신의 외모에 대한 타인의 평가보다는 스스로의 만족감이 훨씬 더 중요하다. 누군가에게 잘 보이기 위해서가 아니라 내 마음에 드는 내가 되기 위해 노력해야 한다. 나를 기쁘게 하기 위해 외모를 가꾸는 사람은 절대로 지치거나 흔들리지 않는다.

Check! ─────────────────

나의 외모 가치관은 어떠한가?

그동안 나는 외모에 대해 어떤 생각을 갖고 있었나요? 해당하는 항목을 하나만 골라보세요.

☐ 01 내 모습을 인정하고 사랑한다.
　　　외모 관리는 나를 위한 행복한 투자라고 생각한다.

☐ 02 내 외모가 불만족스럽다.
　　　거울을 보기가 두렵고 내 단점들을 비난하고 부끄럽게 생각한다.

☐ 03 왜 외모를 가꿔야 하는지 이해할 수 없다.
　　　외모 관리는 다른 일들에 비해 그리 중요한 게 아니다.

☐ 04 외모보다는 커리어를 쌓는 데 더 집중하고 싶다.
　　　따로 외모를 가꿀 시간을 내기가 어렵다.

☐ 05 예뻐지고 싶기는 하나 관리한다고 해서
　　　달라질 수 있을지 의심이 된다.

☐ 06 텔레비전 속 연예인처럼 예뻐지고 싶다. 거리에 다니는
　　　예쁜 여자들을 볼 때마다 샘이 나고 스트레스를 받는다.

결과

01 긍정형

바른 외모 가치관을 가지고 있다. 남과 다른 나를 더욱 소중히 여기고, 이유와 목표를 유념하며 외모 관리를 이어나간다면 분명 외모가 내 삶에 큰 도움으로 작용할 것이다.

02 자학형

습관적으로 나를 비난하면 그렇게 생각하지 않았던 주변 사람들조차 나를 그렇게 여길 수 있다. 우리는 누구나 저마다의 개성이 있다. 자신이 가진 외모의 장점에 집중하고, 그것을 드러낼 때 더욱 돋보일 수 있다는 사실을 기억하라.

03 경시형

외모는 '나'라는 사람이 누구인지를 세상에 보여주는 중요한 단서다. 외모를 가꾸는 일은 나의 가치를 드높이며, 자존감과 대인 관계에 큰 영향을 미친다는 사실을 기억하라.

04 질주형

잘 관리된 외모는 타인에게 신뢰감을 주며, 궁극적으로는 내 꿈과 목표를 이루게 하는 데 큰 도움이 된다는 점을 기억하라.

05 의심형

누구나 꾸준히 외모를 관리하면 지금의 모습에서 더 나아질 수 있다. 의심하고 고민하기 전에 먼저 작은 관리 습관부터 실천해보길 바란다.

06 과욕형

연예인과 같은 외모를 바라보며 자신의 모습에 만족하기란 어렵다. 현실적인 목표를 세워야 한다. 조금씩 나만의 매력으로 더 아름다워지는 내 모습을 기대하라.

5

원하는 모습으로
원하는 삶을
살아가는 기쁨

관리의 시작은 현실적인 목표를 세우는 것

어느 날 갑자기 내가 간절히 원하고 꿈꿨던 바로 그 모습이 된다면 내 삶에 어떤 변화가 찾아올까? 지금 내 모습이 누구나 뒤돌아볼 만한 미녀의 얼굴과 몸매로 변했다고 상상해보자. 내가 가장 예쁘다고 생각했고 부러워했던 연예인과 똑같은 외모로 변한다면 당장 무엇을 하고 싶은가?

중학생인 조카에게 "원하는 만큼 예뻐지면 가장 먼저 무엇을 해보고 싶어?"라고 물어보자 "음…… 그러면 당장 거리로 나가 나를 보는 사람들의 시선을 즐기며 걸어 다닐 거야"라고 대답했다. 연예인이 되어보고 싶기는 하나 그럴 만한 끼는 없으니 쇼핑몰 모델이 되어보고 싶다고도 했다. 모델이 되면 그 이후에는 무엇을 하고 싶으냐고 묻자 모델을 해서 번 돈으로 예쁜 옷을 마음껏 사 입고 싶다고 말했다. 나는 다시 조카에게 물었다.

"그러고는 뭘 하고 싶어?"

"예쁜 옷을 입고 다시 사람들의 시선을 즐기며 거리를 걸어 다닐 거야."

조카뿐만 아니라 주위의 사람들에게 같은 질문을 해도 나오는 대답의 맥락은 크게 다르지 않았다. 그들은 모두 '한번 도전해보고 싶었지만 자신감이 없어 선뜻 하지 못했던 일들을 시도'하고, '사람들 앞에 당당하고 적극적으로 자신을 드러낼 것'이라고 이야기했다.

외모가 개선되면 분명 우리의 행동과 태도에는 자신감이 생겨나고, 그로 인해 적극적으로 사람들을 만나며 관계를 쌓을 것이다. 어딜 가나 이전보다 훨씬 많은 사람들이 호의적인 태도를 보이며 친절하게 대해줄 것이고, 만약 미혼 여성이라면 더 많은 데이트 신청을 받을 수도 있겠다. 어떠한가, 절로 미소가 지어지지 않는가? 상상만으로도 기분이 좋아지는 이런 상황은 외모를 가꾸는 사람이라면 누구나 기대하고 소망하는 일일지도 모르겠다.

하지만 영화 「미녀는 괴로워」(2006)의 주인공처럼 하루아침에 짠하고 초절정 미녀로 변신하는 일은 현실에 존재하지 않는다. 물리적인 성형 수술을 통해 타고난 이목구비를 싹 바꾸겠다고 마음먹지 않은 이상, 우리는 보다 현실적으로 외모의 목표를 세워야 한다. 그렇다면 다시 생각해보자. 현실적으로 내가 개선할 수 있는 외모의 수준은 어느 정도인가? 아마 지금보다 날씬한 몸매, 촉촉하고 깨끗한 피부, 세련된 옷차림을 한 정도의 모습을 상상할 것이다. 그리고 이런 모습이 된다면 나는 무엇을 해보고 싶은가? 혹 아까와 같은 대답을 하지 않았는가? 처음 상상했던 수준의 미녀는 아니지만, 분명 자신의 모습에서 조금 발전한 외모만으로도 자신감이 생기고 훨씬 더 나에게 만족감을 느낄 수 있다.

지인의 소개로 나를 찾아왔던 30대 후반의 한 여성은 어린 시절 자신이 구순구개열(입술이나 잇몸 또는 입천장이 갈라져 있는 선천적 기형)을 앓고 있다는 사실을 알았고, 수술을 해 예뻐질 거란 희망으로 20살 이후 십 년 넘게 재건수술을 받았다고 했다. 하지만 몇 년 전 그녀는 의사로부터 더 이상의 수술은 불가능하다는 이야기를 들었고, 여전히 비뚤어진 코와 입술 모양 때문에 감당할 수 없을 정도의 심한 자괴감에 시달렸다. 남들과 다르게 보이는 외모 때문에 새로운 사람과 어울리기도 힘들었고, 늘 주눅이 들어 직장 생활도 오래 하지 못했다고 말했다. 하지만 그녀의 얼굴을 자세히 보니 메이크업만으로도 충분히 보완할 수 있는 정도였다. 30대 후반이 될 때까지 한 번도 메이크업을 해본 적 없다는 그녀에게 나는 그녀만의 매력인 눈을 돋보이게 하고 입술 모양을 교정하는 메이크업 방법을 알려주었고, 자연스럽게 눈을 맞추고 미소를 지을 수 있도록 표정을 트레이닝 시켜주었다. 더불어 헐렁한 청바지와 허름한 티셔츠만 입던 그녀에게 깔끔한 스타일의 셔츠와 스키니진을 입히자 곧고 날씬한 다리가 더욱 돋보였다. 한 달 후 눈에 띄게 밝아진 모습으로 다시 찾아온 그녀는 그동안 자신이 예뻐지면 해보고 싶었던 일들을 하나씩 시도하고 있으며 다양한 모임에 나가 새로운 사람들을 사귀고 있다는 기쁜 소식을 들려주었다.

연예인처럼 뛰어난 외모를 갖지 않아도 내가 원하는 모습에 가깝게 나를 가꾸고 관리하면 분명 원하는 인생을 사는 데 도움이 된다. 실제로 이미지 컨설팅을 통해 외모가 달라진 사람들의 이야기를 들어보면, 성형으로 얼굴을 바꾸거나 살을 급격하게 빼지 않았지만 자신의 모습을 좀 더 보기 좋게 가꾸는 것만으로도 자신감과 만족감이 급격히 상승했다고 말했다.

30대 후반의 작가 K씨 또한 이미지 컨설팅을 통해 외모를 변화시킨 후 이와 비슷한 경험을 했다고 말했다. 작은 키에 통통한 몸매를 지닌 그녀는 자신이 절대로 예뻐질 수 없다는 생각에 외모보다는 내면의 소양을 쌓는 데에 집중했다고 한다. 그런 그녀에게 "어떤 모습으로 살기를 원하세요?"라고 묻자, "우아하면서도 여성스러운 매력이 느껴지고 약간은 신비감이 드는 예술가의 모습이요"라는 대답이 나왔다. 실제로 그녀는 다소 푸근하고 귀여운 이미지였는데, 현실적으로 그녀가 원하는 모습이 되기 위해 어떤 변화를 주어야 하는지 함께 고민해보았다. 그 결과 동그란 안경테는 끝이 살짝 올라간 형태로 바꾸고, 아래로 뻗치는 단발머리에서 살짝 웨이브를 넣은 우아한 느낌의 헤어스타일로 변화를 주었다. 또 대학생이 입을 법한 캐주얼 의상을 벗고 차분한 컬러의 세미 정장으로 스타일을 연출해주었다. 그녀는 이런 시도만으로도 변화된 자신의 모습에 무척 만족해했다. 자신이 원하는 모습과 정체성에 한발 더 다가간 기분이 든다고도 했다. 원하는 모습을 찾은 후 이전처럼 작품 활동에 몰두하자 그녀를 찾는 사람이 늘었다. 더욱 당당하게 사람들 앞에 나설 수 있게 된 그녀는 자신감 넘치는 미소를 지어보였다.

이제 그만 팔과 다리가 길어지는 바람은 머릿속에서 지워라. 대신 체형에 맞게 옷을 수선하거나 팔다리가 짧아 보이지 않는 스타일링 법을 배우길 바란다. 얼굴을 성형 수술로 바꾸기 이전에 우울하고 화난 것 같은 표정부터 바꿔라. 단기간에 10킬로그램 이상 체중을 감량하겠다는 목표도 버리길 바란다. 그 대신 매일 지속적으로 건강하고 날씬해지는 식습관을 지키려고 노력하라. 바로 이것이 내가 제시하는 외모 관리의 목표다.

나 역시 그토록 꿈꾸던 초절정 미녀의 모습이 되지 않았음에도 내가 원하는 이미지를 찾고 그에 맞게 나를 가꿈으로써 원하는 인생에 더 가까이 다가갈 수 있었다. 나는 이제 더 이상 45킬로그램을 꿈꾸지 않는다. 한때 50킬로그램이 넘으면 뚱뚱하고 아름답지 않다고 느꼈던 나는 이제 51킬로그램에도 충분히 만족할 수 있는 사람이 되었다. 과거에 내가 꿈꿨던 이상적인 모습보다 현실적으로 개선이 가능한 수준에 외모의 기준을 맞추니 이전과 크게 다르지 않은 내 모습조차 더욱 아름답게 느껴졌다.

자신을 잘 가꾸고 자신감이 느껴지는 사람은 긍정적인 에너지를 발산한다. 자신이 매력이 있다고 믿거나, 다른 사람으로부터 매력적이라는 평가를 받으면 자존감과 자기효능감이 높아지고 말과 행동이 능동적이고 긍정적으로 변한다. 그리고 그것이 강한 매력을 발산하면서 더욱 멋진 사람이 된다.

이제 당신이 원하는 모습을 가능한 한 현실적으로 그려보자. 외모를 가꾸기 위해 내가 노력해야 할 범위가 한결 편안하게 느껴질 것이다. 연예인처럼 작은 얼굴은 당신이 원하는 인생을 살아가는 데 그리 중요하거나 필요한 조건이 아니다. 모델 같은 큰 키에 완벽한 몸매가 아니어도 좋다. 지금보다 조금만 더 아름다워져도 당신은 충분히 이전보다 더 만족할 수 있을 것이다. 그동안 내가 많은 사람들의 이미지 변신을 도와주며 깨닫게 된 가장 강력한 진리는 '자신의 모습에 만족하게 되면 원하는 삶을 살아갈 힘을 얻게 된다'는 것이다. 이제 그 누구도 아닌 내가 원하는 모습으로 원하는 삶을 살기를 바란다.

꿈이 있는 여자는 아름답다

삶에서 이루어지는 모든 행위의 목적은 '행복'이다. 안정된 직장을 얻는 것도, 가족과 화목하게 지내는 것도, 때로는 여행을 하고 갖고 싶었던 물건을 사는 것도 모두 행복하기 위함이다. 그렇다면 외모 관리는 어떨까? 나는 자신의 외모를 소중히 여기고 가꾸는 일 역시 궁극적으로는 행복하게 살기 위한 행위라고 확신한다. 삶에 대한 만족감을 높이고 꿈에 한걸음 더 가까이 다가가도록 나를 디자인하는 일이기 때문이다.

외모를 개선시키고 싶은 사람들을 만나 이야기를 나눠보면 처음에는 만족스럽지 않은 외모에 대한 푸념과 자괴감을 털어놓다가도 결국에는 '어떤 사람으로 살아가고 싶은지', 즉 삶에서 이루고픈 꿈과 이상으로 논점이 귀결되곤 했다. 사람이라면 누구나 원하는 삶의 방향이 있게 마련이고, 또 그에 맞게 외모를 관리해 인정받고 사랑받기를 소망하기 때문이다.

외모 콤플렉스 때문에 나를 찾아온 직장인 S씨는 충분히 매력적인 인상에도 불구하고 무척 어두운 표정을 짓고 있었다. 그럭저럭 대학을 졸업하고 작은 회사의 사무직에 입사해 일을 하고 있는데, 업무가 많아 항상 피로하고 대학생 때와 달리 외모에도 신경을 거의 못 쓴다며 계속 나이만 먹는 현실이 너무 괴롭다고 말했다. 거울을 보거나 다른 사람을 만나는 일이 점점 어려워지고 모든 일이 다 예쁘지 않은 외모 때문인 것 같다고 고백했다. 그런데 계속 이야기를 나누어보니 정작 그녀의 문제는 외모가 아니었다. 자기 시간이라고는 전혀 없는 삶의 패턴과 일에 대한 스트레스가 1차적 문제였지만, 가장 큰 문제는 '어떻게 살아가고 싶은지'에 대한 그림이 없기 때문에 모든 일이 다 귀찮고 재미없게 느껴졌던 것이다. 나는 그녀에게 자신만이 가진 외모의 장점을 알려줌과 동시에, 먼저 '원하는 일'과 '롤모델'을 찾을 수 있도록 도와주었다. 무슨 일을 할 때 가장 행복한가, 어떤 일을 해야 주도적으로 발전할 수 있는가를 몇 차례에 걸쳐 논의했고, '제빵사'라는 결론에 도달했다. 몇 달 후 만난 그녀는 제빵학원에 등록해 오래전부터 하고 싶었던 일을 배우고 있다며 해맑게 웃었다. 꿈을 향해 조금씩 나아가고 있다는 생각이 드니 직장에서의 스트레스도 많이 해소되었다고 말했다. 무엇보다도 차근차근 일을 배워 준비가 되면 작게라도 빵집을 열어보겠다는 목표가 생겨 하루하루 즐겁다고 했다.

자신이 원하는 것을 구체적으로 아는 사람은 막연한 행복을 그리며 사는 사람보다 훨씬 더 만족스러운 삶을 산다. 자신이 원하는 것을 알지 못한 채 특별한 목표나 열정이 없는 사람들은 대부분 어제 같은 오늘, 오늘 같은 내일을 보내게 마련이다. 더불어 미래에 대한 희망이나 꿈이 없으면 외모 관리를 손에서 놓게 되기가 쉽다. 그래서 나는 외모 관리의 이유를 찾지 못하는 여성들에게 늘 이런 질문을 한다.

"어떤 인생을 살고 싶으신가요? 어떤 일을 하며 어떻게 시간을 보내고 싶으세요?"

외모 관리를 등한시하고 지내는 여성들은 대부분 이 질문에 제대로 대답하지 못했다. 반면 내 삶에서 꼭 이루어야 할 일이 무엇인지, 앞으로 내 인생이 어떤 방향으로 나아가야 하는지를 분명하게 아는 여성들은 외모 관리의 이유를 스스로 찾고 자신의 모습을 가꾸며 노력하는 모습을 보여주었다.

단순히 예뻐지고 싶은 여자의 본능만으로는 외모 관리를 지속시키기가 어렵다. 모든 행동을 지속하는 데에는 분명한 동기가 필요하다. 나는 그것이 '자신만의 꿈을 가지는 것'이라 생각한다. 꿈이 내 안에 에너지를 만들어내고, 스스로를 움직이게 하는 원동력이 된다. 어느 누구도 이유가 없거나 의미 없는 행동을 애써 지속하지는 않는다.

『소중한 것을 먼저 하라』, 『성공하는 사람들의 7가지 습관』으로 잘 알려진 스티븐 코비(Stephen Covey)는 "자신에게 정말로 중요한 것이 무엇인지 알게 되면 인생이 완전히 바뀌고, 그 꿈을 항상 마음속에 간직할 경우 날마다 가장 중요한 존재로서 가장 중요한 것이 무엇인지 알고 살아가게 된다"고 말했다. 진정 자신의 인생에서 중요한 것이 무엇인지를 알지 못한다면, 그 누구도 외모만 아름다워진다고 해서 자존감이 높아지거나 행복해지기는 어렵다.

누구나 자신이 원하는 일을 의미 있게 할 때 행복을 느낀다. 나는 지금 어떤 꿈을 꾸고 있는가? 내가 하고 싶은 일을 꿈꾸고 준비하면서 나를 가꿔보자. 분명 행복한 미소가 지어질 것이다. 행복한 사람이 가장 아름답게 느껴진다는 이야기를 했던가? 꿈이 있는 여자는 언제나 아름답다.

용모와 복장이 잘 갖추어진 사람은
그 사람의 내면을 보려고 하지만,
용모와 복장이 잘 갖추어지지 않은 사람은
자꾸만 그 사람의 외모만 보려고 한다.

–프랑스의 패션 디자이너 가브리엘 샤넬(Gabrielle Chanel)

Self-awareness

CHAPTER
2

외모의 변화는
나를 깨닫는 순간
시작된다

“

　내가 원하는 모습으로 변하기 위해서는 그에
대한 '구체적인 그림'이 있어야 한다. 그 그림이 구체
적이면 구체적일수록 원하는 모습에 더 가까워질 수
있다. 이는 외모를 변화시키는 데에 있어 가장 중요한
법칙이다.

”

1

나의 외모는
이대로
괜찮은가?

지금의 나는 내가 만든 결과물이다

만사가 귀찮은 어느 날, 손에 막 잡히는 옷을 입고 메이크업도 하지 않은 채 출근을 했다. 그날따라 회사에서는 중요한 회의가 잡혔고 옆자리 동료는 꽤나 신경 쓴 옷차림에 메이크업까지 완벽하게 하고 있어 내 모습이 더욱 초라하게 느껴졌다. 다른 동료들은 유난히 더 그녀에게 친절한 것 같아 짜증이 났다.

우울한 기분으로 집에 돌아오니 진이 빠져 배가 고팠다. 라면을 끓여 먹으며 밀린 드라마를 보다 보니 어느새 새벽이다. 몇 시간 눈을 붙이고 일어났는데 아뿔싸, 출근 30분 전! 오늘도 고양이 세수를 하고 후다닥 현관을 나섰다. 회사 앞에서 정신을 차리고 보니 오늘 입은 블라우스와 바지의 조합이 전혀 어울리지 않는다는 사실을 깨달았다. 이런 일상이 반복되면서 예전과 달리 외모에 담을 쌓고 사는 나를 발견하게 된다. 그리고 나는 애써 스스로를 위로한다.

'외모가 중요한 게 아니야. 나는 이렇게 열심히 살고 있잖아?'

어느 순간 초라해진 자신을 발견할 때 우리는 깊은 한숨을 내쉬며 흘러간 시간을 탓하곤 한다. 거울 속 변해버린 내 모습을 보며 이렇게 생각한다.

'바쁜데 외모에 신경 쓸 시간이 어디 있어.'
'어쩔 수 없지. 나이 들면 누구나 이 정도 배는 나오잖아?'
'결혼했는데 뭐. 아줌마니까 괜찮아.'
'타고난 외모가 이 모양인데 어쩌겠어.'

넋두리처럼 늘어놓은 우리의 이야기 속에는 한 가지 공통점이 있다. 마음에 들지 않는 외모를 '그저 어쩔 수 없는 것'이라 치부해버린다는 것이다. 종종 외부 강연에서 만나는 여성들은 마치 고해 성사라도 하듯 이렇게 말했다. "제가 '원래' 화장도 안 하고 잘 꾸미고 다니는 성격이 아니에요." "'원래' 물만 먹어도 살찌는 체질이에요."

평소에 외모를 관리하지 않거나 자신의 모습에 자신감이 없는 사람들은 스스로를 '원래 그런 사람'이라고 규정하는 경향이 있다. 하지만 반드시 잊지 말아야 할 사실이 있다. 내 외모의 결점이나 원치 않는 변화를 그저 '어쩔 수 없는 것'이라고만 생각하면 개선해야 할 의지가 생기지 않고, 절대로 좋아질 수 없다는 점이다.

대기업 홍보팀에 근무하는 워킹맘 J씨는 6개월간의 육아 휴직을 보내고 회사로 돌아왔다. 결혼 전 스타일이 좋다는 이야기를 자주 들었던 그녀는 임신 중에도 왕성하게 활동하며 남다른 자신감을 보였다. 그러나 급격히 늘어난 몸무게는 출산 후의 모습에도 영향을 주었다. 야식 먹던 습관을 버리지 못해 뱃살은 줄어들 기미가 없었고, 탄력 없이 늘어진 팔뚝 때문에 한여름에도 민소매를 입기가 꺼려졌다. 이전에 입었던 옷들은 사이즈가 작아져 이제는 몸매가 드러나지 않는 헐렁한 스타일의 옷만 입는다.

곧잘 예쁘게 메이크업을 하던 그녀였지만 요즘은 퇴근 후 쓰러져 자느라 클렌징도 하지 못하는 날이 많았다. 출근 전에는 정신없이 아이를 맡기고 나오느라 머리도 제대로 말리지 못했다. 어느 날 회사에서 매우 중요한 프레젠테이션을 준비하던 그녀에게 해당 클라이언트의 미팅 콜이 들어왔다. 팀장에게 미팅에 대한 이야기를 꺼내자 "아, 그럼 J씨는 자료 준비에 신경 쓰고 K씨를 보내세요. 잘 설명해주고 준비시키세요. 그쪽에서 K씨에 대한 호감이 높더라고요"라는 자존심 상하는 말만 돌아왔다.

　무거운 발걸음을 옮겨 집에 들어가자 소파에 누워 있던 남편은 텔레비전에 눈을 고정한 채 그녀에게 눈길조차 주지 않았다. 힘없이 방으로 들어가 화장대 앞에 앉은 그녀는 자신의 모습을 찬찬히 살펴보았다. 축 처진 어깨와 구부정한 등, 거칠어진 머릿결에 충혈된 눈, 눈 밑으로는 다크써클이 잔뜩 내려와 있었고, 립글로스 한 번 바르지 못한 입술에는 각질이 올라와 부르터 있었다.

　'내가 언제 이렇게 됐지?'

　침대에서 새근새근 자고 있는 천사 같은 아이의 얼굴을 보며 애써 웃음 지어보려 해도, 초라해진 자신의 모습 때문에 바닥까지 떨어진 우울한 기분은 어쩔 수 없었다.

　사진작가 J씨는 요즘 부쩍 몸이 무거워졌다. 개인적으로 준비하고 있는 전시회부터 문화센터 강의까지 몸이 열 개라도 모자란 스케줄로 인해 매일 정신없는 생활이 계속되었다. 바쁘게 움직이니 살이 빠질 거라 생각했지만, 이상하게도 체중계의 바늘은 거꾸로 가고 있었다. 이제 겨우 30대 초반의 나이였지만 불룩 나온 배는 들어갈 줄 몰랐다.

　전시회 준비는 생각보다 고됐다. 낮부터 새벽까지 일하는 일상이 반복되었고, 새벽 늦게까지 작업을 하다 보니 야식 먹는 습관까지 생겼다. 물론 다음 날 아침에 일찍 일어나는 건 무리였다. 시간이 없으니 그나마 조금씩 하던 운동은 남의 일이 되었고, 일이 없는 날엔 무조건 쉬어야 한다며 집에서 뒹굴뒹굴 시간을 보냈다. 최근 잦아진 야외 촬영으로 인해 얼굴에는 기미와 잡티가 가득 내려앉았다. 거울을 볼 때마다 흠칫 놀랐지만 '에이, 이 나이에 이 정도면 괜찮지'라며 무심히 넘겼다.

고등학교 동창의 결혼식 날, 오랜만에 친구들을 만났다. 평소 늘 헐렁한 티셔츠에 청바지만 입는 그녀였지만 그래도 나름 신경을 써 면바지에 셔츠를 챙겨 입었다. 하지만 식장에 도착하자마자 세련된 정장 차림의 친구들 사이에서 다림질조차 제대로 안 된 옷을 입은 자신의 모습이 무척 초라하게 느껴졌다. 친구들은 신랑 측 친구들과 어울려 차를 마시러 간다고 했지만 그녀는 작업을 핑계로 황급히 결혼식장을 빠져나왔다.

실제 컨설팅을 통해 만난 그녀들은 일에서도 가정에서도 누구보다 열심히 살아가는 사람들이었다. 하지만 정작 자신의 외모를 관리하지 못해 자존감이 바닥까지 떨어진 상태였다. 물론 그녀들의 힘겨운 일상을 이해하지 못하는 바는 아니다. 하지만 주변 사람들이 이러한 속사정을 알아줄 리 만무하다. 지치고 힘들어 보이는 그녀들에게 우리는 과연 얼마나 호의적일 수 있을까?

외모가 전혀 관리되지 않은 사람을 볼 때 부정적인 인상을 느끼는 이유는 그 모습이 '스스로를 소중히 여기지 않다'고 생각되기 때문이다. 자신을 방치하고 가꾸지 않는데도 늘 당당하고 자신감 넘치는 사람은 절대 없다. 나에게 찾아온 부정적인 외모의 변화가 그저 바쁜 삶 때문이라고, 혹은 나이 때문이라고 변명하진 않았는가? 사람들은 만족스럽지 않은 상황에 놓이면 자신의 책임을 가장 늦게 생각하는 경향이 있는데, 이는 외모 관리에 있어서도 마찬가지다.

'내가 많이 먹은 이유는 스트레스 때문이야.'
'매일 야근을 시키는데 운동할 시간이 어디 있어.'
'관리할 돈도 없는데 뭐.'

원하지 않은 결과에 대해 갖은 이유를 대며 '어쩔 수 없는 일'이라고 생각하진 않았는가? 이제는 진실과 마주해야 한다. 현재 나의 모습은 지금껏 내가 하루하루 만들어온 결과물 그 자체다. 푹 파인 미간 주름은 수년간 얼굴을 찌푸린 습관 때문이고, 처진 입꼬리는 자주 웃지 않은 결과이며, 부족한 패션 센스는 관심을 가지지 않고 대충 집히는 대로 입던 습관 때문이다. 출렁거리는 뱃살은 매일 밤마다 야식을 먹고 주말이면 침대에서 나오지 않던 생활 습관의 결과물이며, 탄력 없이 늘어진 팔뚝은 운동이라고는 숨쉬기 운동이 전부였던 나태함의 결과다.
지금까지 당신이 만들어온 모습은 어떤가? 지금 이대로도 괜찮은가? 그 모습은 당신 자신에게도 어쩌면 당신과 함께 있는 다른 사람에게도 그리 괜찮게 느껴지지 않을지도 모른다.

　이제 내 모습에 스스로 책임감을 갖고 적극적으로 관심을 기울여 보자. 현재의 모습에 대한 자각과 아름다워지겠다는 결심, 그리고 순간순간 작은 행동의 변화만으로도 분명 잃어버린 매력을 되찾을 수 있다. 성공적인 외모 관리를 위해서는 언제나 자신의 '애정 어린 관찰자'가 되어야 한다. 외모의 변화를 원한다면 이제부터 매순간 나의 행동을 주의 깊게 지켜보길 바란다.

Check! ────────────────────────────

내 외모를 이렇게 만든 원인은 무엇인가?

☐ 01 현재 내 모습은 후천적인 생활 습관에 의한 것이다.

☐ 02 외모를 변화시키기 위해 성형 수술이 가장 효과적이라고 생각한다.

☐ 03 꾸준히 외모 관리를 해왔더라면 지금의 모습과는
　　　많이 달랐을 거라 생각한다.

☐ 04 현재 내 모습은 나의 의지와 무관하며 거의 유전에 의한 것이다.

☐ 05 아무리 바빠도 날씬한 몸매를 위해 운동할 시간을 마련할 수 있다.

☐ 06 예쁘고 멋지게 태어난 사람들은
　　　특별히 관리할 필요가 없다고 생각한다.

☐ 07 매일 바쁘고 해야 할 일이 너무 많아 외모를 관리하지 못했다.

☐ 08 외모를 관리하는 일은 나를 위한 것일 뿐만 아니라
　　　나와 만나는 사람들에 대한 예의라고 생각한다.

☐ 09 내가 외모를 관리하지 못했던 이유는 금전적인 여유가 없기 때문이다.
　　　(돈만 있으면 누구나 예뻐질 수 있다)

☐ 10 외모 관리를 통해 내가 원하는 모습에
　　　가까워질 수 있다고 믿는다.

1, 3, 5, 8, 10번 체크시: 스스로 자신의 모습에 대해 책임감을 느끼고 있다.

2, 4, 6, 7, 9번 체크시: 자신의 모습에 대해 책임을 지지 못하고,
　　　　　　　　　　　 상황이나 남의 탓으로 생각하고 있다.

자연스러운 이미지의 비밀

사람들에게 어떤 이미지를 선호하느냐고 물으면 빠지지 않고 나오는 대답이 "저는 그냥 자연스러운 이미지가 좋아요"이다. 물론 나 또한 자연스러운 아름다움을 좋아한다. 메이크업을 가르칠 때도 자연스러움을 추구하며, 스타일도 과하지 않게 적당히 보기 좋으며 그 사람만의 센스가 우러나오는 느낌을 추천한다. 얼마 전 메이크업에 관한 논문 자료를 준비하면서 성인 여성들이 선호하는 메이크업 이미지를 조사해본 결과, 예상대로 '자연스러운 이미지'가 가장 높은 순위를 차지했다. 사실 주변의 여성들에게 물어보아도 짙은 색조 화장이나 눈에 띄게 화려한 스타일을 좋아하는 경우는 거의 없었다. 게다가 대부분의 남성들 또한 자연스러운 이미지의 여성을 좋아한다고 답했다. 그렇다면 과연 여기서 말하는 '자연스러움'이란 대체 무엇일까?

나는 다수의 사람이 추구하고 누구에게나 호감을 준다는 '자연스러운 이미지'가 무엇인지 구체적으로 알고 싶었다. 당신도 지금 머릿속에 자연스러운 이미지의 여성을 한번 떠올려보길 바란다. 혹시 화장품 광고 속 민낯 같은 모델의 얼굴, 아니면 편안한 스타일이 잘 어울리는 드라마 속 여배우의 모습이 떠올랐는가? 그렇다면 당신이 생각한 자연스러운 이미지는 절대로 '자연스러운 모습'이 아니다.

사실 우리가 떠올리는 '보기 좋게 자연스러운 이미지'는 많은 가

공의 손길에 의해 만들어진 '조작된 자연스러움'이다. 자연스러운 스타일의 사복 차림이나 드라마에서의 편안한 옷차림 뒤에는 스타일리스트의 치밀한 계산이 숨어 있고, 마치 민낯처럼 보이는 투명한 피부는 꾸준한 피부 관리에 고도의 메이크업 기술이 더해진 작품이며, 자신의 것으로 보이는 긴 속눈썹은 내추럴한 느낌의 인조 속눈썹이 대신하고, 밝은 미소에 보이는 하얀 치아는 라미네이트 시술이나 미백 치료 끝에 얻어진 결과물이다. 우리는 '애써 꾸민 듯 보이지 않지만 왠지 예뻐 보이는 모습'을 자연스럽다고 느낀다. 그런데 생각해보니 어떠한가? 자연스러워 보이는 그녀들의 모습이 정말로 자연스럽다고 느껴지는가?

자연스러운 이미지를 좋아해 특별히 꾸미지 않는다고 말했던 여성들 대부분은 본인이 선호하는 그런 자연스러움과는 꽤 거리가 먼, 그저 '자연인'의 모습이었다. "난 자연스러운 게 좋아"라고 말했지만, 화장을 거의 하지 않아 잡티가 그대로 드러난 민낯에 질끈 묶은 푸석한 머리, 집에서나 입을 법한 옷차림을 하고 있었다.

우리가 선호하는 자연스러움은 '자연스러워 보이지만 예쁜', '자연스럽지만 세련된' 모습이다. 많은 여성들의 로망인 '청바지에 흰 티만 입어도 스타일리시해 보이는 패션'이나 '화장을 하지 않았는데 깨끗하고 투명한 피부', '그냥 말리기만 했는데 웨이브가 자연스럽게 살아있는 헤어스타일'은 엄청난 노력의 산물일 가능성이 높다. 즉, 당신이 닮고 싶었던 자연스럽게 아름다운 여성들은 지금 남다른 노력을 하고 있는 것이 분명하다. 누구에게나 호감을 주는 이미지를 갖기 위해서는 '보이지 않는 꾸준한 노력'이 필요하다. 우아한 백조가 물 아래에서는 부단히 발짓을 하듯 자연스러운 이미지에는 '자연스러운 노력'과 '자연스러운 관리'가 따라야 한다는 점을 잊지 말길 바란다.

Check! ───────────────────

나의 외모 관리 습관은 몇 점인가?

☐ 매일 건강한 음식을 먹으려고 노력한다.

☐ 매일 아침과 저녁에 기본적인 스킨케어를 잘하고 있다.

☐ 평상시에 기본적인 메이크업(피부, 눈썹, 입술)을 잘하고 다닌다.

☐ 주기적으로 미용실에 가며 늘 단정한 헤어스타일을 유지한다.

☐ 체력과 체형 관리를 위해 가벼운 운동이라도 꾸준히 하고 있다.

☐ 체중이 늘어나지 않게 신경을 쓰고 있다.

☐ 늘 밝은 표정을 지으려 노력한다.

☐ 평소 바른 자세를 유지한다.

☐ 가급적 일정한 시간에 취침하고 숙면한다.

☐ 매일 아침 기분이 좋아지는 옷을 입으려고 노력한다.

8개 이상: 매우 좋은 자기 관리 습관을 가지고 있다.
　　　　　　현재 상태를 잘 유지하자.

5 ～ 7개: 이제 외모와 생활 습관에 관심을 가져야 할 때!
　　　　　　방심하면 곧 망가질 가능성이 있다.

4개 이하: 경고! 현재 당신의 외모와 건강 상태는 심각할 수 있다.
　　　　　　자신을 위해서 지금 당장 습관을 개선할 필요가 있다.

2

셀카 속 내가 아닌
진짜 나와
마주하라

나는 내 외모에 속고 있다

"실제로 만나보니 프로필 사진과 영 다르더라고요. 정말 깜짝 놀랐어요."

최근 이런 웃지 못할 이야기를 심심치 않게 듣는다. 여자들 중 열에 아홉이 실물보다 더 잘 나온다고 명성이 높은 '뷰티 카메라 앱'으로 셀카를 찍기 때문이다. 모든 모공과 잡티를 사라지게 하는 건 물론이고, 마치 성형처럼 얼굴을 갸름하게 만드는 일도 가능하다. 심지어는 눈 크기를 키우고 블러(Blur) 효과를 주어 얼굴이 인형처럼 보이게 하는 일도 어렵지 않다. 그러니 민낯 상태에서 일반 카메라 모드로 찍은 사진과는 엄청난 차이가 날 수밖에 없다. 보정된 사진에서는 나름 괜찮게 보였던 내 모습이 일반 카메라 모드로 찍으면 바로 삭제키를 누르고 싶은 충동이 느껴질 만큼 낯설게 보이는 이유는 바로 그 때문이다.

수강생들을 모아놓고 공개강의를 진행할 때 반드시 하는 활동이 있다. 바로 '정면으로 셀카 찍기'다. 단 아무런 보정 효과가 없는 일반 카메라 모드로 거울을 보듯 정직하게 찍어야 한다. 그런데 대부분 이 순간을 무척 괴로워한다. 지금까지 일반 카메라 모드로 찍은 자신의 사진에 만족한 사람은 거의 없었다. 그 모습이 다른 사람의 눈에 비친 나인데도 인정하지 못한다. 아마도 그동안 뷰티 카메라 앱을 이용해 찍은 사진 속 모습이 진짜 내 모습이라 믿고 착각하고 있었기 때문 아닐까?

얼마 전 강의에서 만난 여성 중 한 명이 자신의 셀카를 보고 충격을 받았다며 한동안 말을 잇지 못하는 일이 있었다. 한참을 멍하게 있던 그분은 내게 이런 말을 했다. "선생님, 왜 제 모습이 이렇다는 것을 지금에서야 알았을까요. 한동안 외모에 별다른 신경을 쓰지 않고 지내왔지만 제 모습이 그리 나쁘지 않다고 생각했거든요. 그동안 나를 제대로 보지 못했던 게 후회되네요." 우리는 자신의 모습을 정직하게 직면하고 점검해볼 필요가 있다. 원치 않는 외모의 문제 중 상당수는 현재 자신의 모습을 외면하는 순간 발생한다.

내게 컨설팅을 받으러 온 분들 또한 자신의 모습을 보는 게 싫다며 셀카 찍는 일 자체를 무척 힘겨워했다. 컨설팅을 받는 동안 하루 한 장씩 셀카를 찍어 매일의 모습을 남기게 하는데, 일주일 동안 단 한 장도 찍어 오지 못하는 분도 있었다. 물론 자신의 진짜 모습을 그대로 마주하는 일은 쉽지 않다. 특히 내 외모의 상태가 좋지 않다고 느껴질 때는 그대로 바라보는 일 자체가 피하고 싶고 괴롭기까지 하다. 하지만 이제 셀카 속 모습에서 눈을 돌리기보다 오히려 자신의 모습을 세심하게 바라봐야 한다. 모든 변화는 '자기 직면'에서 시작된다. '외모 관리의 첫걸음은 정확한 자기 인식에서 시작된다'고 해도 결코 과언이 아니다.

Think! —————————————————————

내 모습이 주는 느낌은 어떠한가?

핸드폰의 일반 카메라 모드로 거울을 보듯 정직하게 내 모습을 찍어보세요.

■ 셀카 속에 비친 내 모습에서 어떤 감정이 느껴지는가?

_____

_____

_____

_____

■ 내 모습에서 부정적인 느낌을 받았다면 그 이유는 무엇인가?

_____

_____

_____

_____

나를 3인칭으로 바라볼 때 변화가 시작된다

메이크업을 배우고 싶다며 나를 찾아온 대학 졸업반 C양은 25살이 되도록 단 한 번도 제대로 메이크업을 하고 다닌 적이 없다고 고백했다. 그녀에게 메이크업을 배우려는 이유를 묻자, "처음 만나는 사람들에게 호감을 주고 싶어서요"라고 대답했다. 먼저 얼굴에 남아 있는 불긋한 여드름 자국과 잡티를 커버하기 위해 피부 보정 메이크업을 가르쳐주었고, 흐릿해 보이는 인상을 보완하기 위해 눈썹 메이크업을 더했다. 본래의 이목구비가 살아나자 그녀의 얼굴은 몰라보게 생기 있고 또렷해졌다.

C양의 경우 아주 기본적인 메이크업만 했을 뿐인데, 단점을 보완하자 얼굴의 매력이 확 살아나면서 또렷하고 생기 있는 모습으로 변화했다. 그런데 한 가지 문제가 생겼다. 바로 그녀가 달라진 자신의 모습을 받아들이기 어려워한다는 점이었다. 그녀는 밖으로 나가면 사람들이 자신의 얼굴만 쳐다볼 것 같은 생각이 든다고 했다. 메이크업 이후의 얼굴이 이전보다 훨씬 보기 좋아졌음에도 불구하고 늘 민낯으로 다니던 얼굴에 익숙한 나머지 변화한 자신의 모습에 어색함을 느꼈다.

C양과는 반대로 365일 진한 스모키 메이크업으로 무장하고 다녔

던 20대 후반의 K양은 고객을 직접 응대하는 서비스직에 종사함에도 불구하고 만나는 사람들로부터 "성격이 어둡고 강해 보인다", "가까이 다가가기 어렵다"는 이야기를 자주 들었다며 이제는 좀 더 밝고 편안한 인상을 갖고 싶다고 했다. 본래 얼굴빛이 전혀 보이지 않을 만큼 두터웠던 피부 화장과 두꺼운 아이라인을 지우고 내추럴한 이미지의 메이크업으로 바꾸자 그녀의 얼굴은 훨씬 더 편안하고 부드러워 보였다. 하지만 그녀는 자연스럽게 화장한 얼굴이 마치 민낯을 드러내는 것처럼 부끄럽게 느껴진다고 말했다. 변화 후의 얼굴이 더욱 매력적으로 보인다는 것을 좀처럼 인정하지 못했다.

스타일을 바꾸고 싶다고 말하면서도 정작 변화를 주면 새로운 자신의 모습에 낯설어하는 경우가 있다. 실제로 이미지 변화 이후 그녀들과 비슷한 반응을 보이는 여성이 꽤 많은데, 이는 자신의 모습을 객관적으로 바라보지 못하기 때문이다. 나를 객관적으로 보지 못하는 사람들에게는 자신의 모습을 제3자의 눈으로 바라보는 '관점의 변화'가 필요하다. 거울 속에 비친 내 모습을 볼 때 한발 떨어져 다른 사람의 시각으로 바라봐야 한다는 의미다. 그러면 '지금 나는 어떤 모습으로 보이고 있는가?'에 대한 답을 조금이나마 얻을 수 있다.

또 우리는 언제나 타인의 '호감'과 나의 '개성' 사이에서 갈등한다. 사람들의 눈을 의식해 자신의 모습이 이상하게 비춰질지 걱정하면서도, 또 '누가 뭐라 해도 상관없어'라며 내가 하고 싶은 대로 하고 다니는 경우도 있다. 사회적인 나와 본연의 나 사이에서 벌어지는 표현의 갈등이다. 하지만 중요한 것은 지금 내가 어떤 결과를 원하고 있는가 이다. 우리가 진정으로 원하는 것은 스스로에게도 그리고 타인에게도 매력적인 모습이 되는 것임을 기억하자.

제3자의 눈으로 나를 바라보는 일은 나를 변화시키는 요술과도 같다. 이제 객관적인 눈을 장착하고 나의 모습이 '호감을 주는 기본적 요소'를 갖추고 있는지 체크해보자.

Think!

현재 나의 외모 상태는 어떠한가?

전신 거울 앞에서 머리부터 발끝까지 내 모습을 찬찬히 살펴보고 분석해보세요. 표정은 물론 헤어스타일, 피부 상태, 얼굴과 체형의 특징, 옷차림이 주는 느낌 등을 자세하게 적어보세요. 마치 모르는 사람을 묘사해 알려주는 느낌으로 적는다면 보다 객관적으로 나를 분석할 수 있습니다.

■ **표정: 표정은 어떠한가?**

(눈은 생기 있고 또렷한가? 입꼬리가 내려가 있지는 않은가?)

_____

_____

■ **자세: 자세는 어떠한가?**

(목과 허리, 등이 곧고 바르게 펴져 있는가?)

_____

_____

■ **피부 상태: 전반적인 피부 상태는 어떠한가?**

(윤기 있어 보이는가? 거칠고 푸석한가? 잡티가 눈에 띄는가?)

_____

_____

■ 헤어스타일: 헤어스타일의 특징과 느낌은 어떠한가?

(염색한 지 오래되어 보이지 않는가? 머릿결은 푸석하지 않은가?)

_____

_____

■ 체형: 내 체형의 특징과 느낌은 어떠한가?

_____

_____

■ 패션스타일: 무엇을 입고 있는가? 옷이 주는 느낌은 어떠한가?

(컬러와 실루엣은 어떠한가?)

_____

_____

■ 이미지: 내 모습을 볼 때 느껴지는 전체적인 이미지는 어떠한가?

_____

_____

3

약이 되는 칭찬,
독이 되는 칭찬

늘 예쁘다고 말하는 그들을 의심하라

내 외모는 온전히 나의 것임에도 정작 관리에 있어서는 주변 사람들, 즉 남자친구나 배우자, 가족, 그리고 직장 동료와 동성 친구들의 영향을 많이 받는다. 그들은 종종 나의 외모에 대해 "이건 아닌 것 같아", "이게 더 예쁜데?"라는 말로 훈수를 두고 '다 너를 위한 이야기'라고 조언하지만, 사실 알고 보면 그 조언들이 나의 외모에 실질적으로 도움이 되지 않는 경우가 많다. 물론 나를 위한 지인의 순수한 마음을 무작정 매도하거나 의심하라는 뜻은 아니다. 다만 그 조언이 약이 되는지 혹은 독이 되는지를 스스로 가려서 들어야 한다는 점을 알려주고 싶다.

외모를 관리할 때 가장 크게 영향을 주는 사람은 누구일까? 바로 '내가 잘 보이고 싶은 사람'이다. 특히 남자친구나 배우자는 "여자는 머리가 길어야 예쁘지", "화장을 안 한 얼굴이 더 예뻐", "살이 쪄도 계속 사랑할게"라는 말로 내 외모의 방향을 좌지우지하거나, 어렵게 결심한 다이어트 의지를 무너뜨리곤 한다. 물론 나를 아끼고 사랑하는 마음에서 해준 말일 수도 있다. 하지만 정말로 그 말을 따르는 게 현재 상황에서 도움이 되는지 이성적으로 생각해봐야 한다. 헤어스타일과 옷차림 모두 남자친구가 좋아하는 '가녀리고 순수한 이미지'로 맞추었던 한 여성은 그와 헤어진 뒤에도 좀처럼 이미지를 바꾸지 못했고, 정말로 자신에게 어울리는 스타일을 찾지 못해 힘들다고 고백했다. 직급이 높아지고 커리어우먼으로서의 이미지를 갖고 싶다는 워킹맘도 남편이 긴 머리를 좋아해 단발머리로 자르지 못한다며 아쉬움을 토로했다.

어릴 때부터 줄곧 부모님의 개입하에 제대로 자신의 스타일을 고민하지 못했던 여성도 많다. 당연하게 엄마가 골라준 옷을 입고 아빠가 싫어하는 취향의 옷을 입지 말라고 강요받은 여성들은 성인이 되어서도 부모의 그늘을 벗어나지 못한다. 자신의 직업에 어울리는 스타일링에 대해 컨설팅을 받으러 왔던 한 여성은 유독 여성스러운 스타일을 선호하는 엄마 때문에 A라인 원피스와 프릴이 달린 옷만 살 수밖에 없었다고 이야기했다. 골격이 크고 중성적인 외모였던 그녀에게는 반드시 피해야 할 스타일이었는데도 말이다.

때로는 직장 동료나 절친한 동성 친구의 칭찬과 조언도 경계해야 한다. 대개 사람은 주변 환경에 따라 행동하고 그에 맞게 닮아간다. 실제로 얼마 전 이미지 코칭 클래스에 참가한 한 여성은 거의 메이크업을 하지 않고 머리는 하나로 질끈 묶은 채 운동화에 헐렁한 옷을 입은 자신의 모습이 IT업계에서 일하는 동료들 사이에서는 무척 일반적인 모습이라고 말했다. 늘 보던 상대방의 모습이 내 눈에도 익숙해지면 좋고 나쁨을 판단하기가 어려워진다. 친한 동성 친구 역시 마찬가지다. 가끔 옷가게에서 여자 친구들끼리 쇼핑하는 모습을 보면 안타까울 때가 많다. 입은 옷이 당사자의 체형과 전혀 어울리지 않는데도 "너한테 딱 어울린다", "너무 예쁘다. 당장 사라"고 말하는 반응을 보면 정말이지 가서 뜯어말리고 싶은 심정이 든다.

사실 우리나라 정서상 사회생활을 하며 누군가의 외적인 모습에 대해 솔직한 조언을 하기란 참으로 힘들고 위험하다. 서로의 외모에 대해 부정적인 이야기를 꺼내면 실례다. 전혀 관리되지 않은 외모 상태여도 '편안해 보인다', '인상이 좋다'는 식으로 둘러대야 원만한 관계를 유지할 수 있다. 특히 이러한 현상은 SNS에서 더욱 심하다. 직접 대면하지 않는 가상의 공간에서 누군가의 사진이 올라오면 경쟁적으로 예쁘다는 칭찬을 하기에 바쁘다. 그런데 정말 그 말을 곧이곧대로 믿어도 될지는 생각해볼 필요가 있다.

얼마 전 변호사 K씨는 SNS에 건강을 위해 살을 빼겠다는 굳은 결심을 밝히며 다이어트를 공식 선언했다. 댓글로 수많은 응원의 메시지를 받았지만, 반대로 "지금 모습도 괜찮다", "살을 왜 빼려고 하느냐", "K씨는 통통한 게 매력이다"라는 메시지 때문에 다이어트에 대한 결심이 무척 흔들렸다고 말했다.

매력적인 외꺼풀을 지닌 C씨는 늘 인조 속눈썹을 붙이고 90년대 스타일의 진한 화장을 하고 다녔는데, 자연스러운 메이크업으로 이미지 변신을 시도하자 "너는 눈이 작아서 안 돼", "여자는 눈이 커야 예뻐"라는 친한 친구들의 만류로 인해 다시 진하게 화장을 해야 하나 고민이 된다고 했다.

취업 준비생 L양은 늘 앞머리로 이마를 모두 가리는 헤어스타일의 소유자였다. 면접 시 밝은 인상을 주기 위해 이마를 드러내는 헤어스타일로 변화를 주었는데, "귀여운 매력이 사라졌다"는 남자친구의 푸념 때문에 얼마 지나지 않아 다시 앞머리를 내리고 이전의 모습으로 돌아갔다.

사람은 혼자 사는 존재가 아니기에 나와 가까운 사람들의 시선은 중요하다. 하지만 스스로가 어떤 모습으로 살아가고 싶은지, 커리어를 돋보이게 하기 위해 내가 세워야 할 외모의 전략은 무엇인지를 깊게 고민하고 자기만의 흔들리지 않는 주관을 정립하는 일이 훨씬 더 중요하다. 그러고 난 후 당신을 아끼는 사람들의 솔직한 이야기에 귀 기울여보자. 때로는 나를 보다 객관적으로 봐줄 전문가를 찾아 조언을 듣고, 가장 매력적으로 보일 수 있는 모습이 무엇인지 상담을 받아보아도 좋겠다.

4

아름다움에 대한
나만의
관점을 가져라

외모 관리에도 균형이 필요하다

자신의 모습에 불만이 있거나 외모를 관리하는 일에 어려움을 느끼는 사람들은 대부분 외모에 대한 '편향적 시각'이나 '부정적 견해'를 가슴에 품고 있다. 외모에 대한 자신만의 관점이나 기준을 정립하지 않은 채 막연히 스스로를 괜찮다고 생각하거나, 반대로 충분히 괜찮은 외모의 소유자임에도 계속 자신을 깎아내리며 부족한 면만을 찾아내려는 사람도 많다. 외모에 대해 극단적으로 편향적인 시선을 가진 여성들은 크게 두 부류로 나뉜다. 하나는 외모 관리를 자신의 삶에서 그 어떤 일보다 우선시하며 온통 외모에만 공을 들이는 유형이고, 또 하나는 인생에서 외모는 그리 중요하지 않다고 생각해 외모 관리에 매우 낮은 가치를 부여하고 자신을 가꾸는 일에 매우 소홀한 유형이다.

우선 첫 번째 집단은 추구하는 외모의 기준이 무척 높다. 늘 높은 외모의 기준과 타인의 시선에 집착하니 자연히 자신에 대한 만족감이 낮고, 자기 외모에 대한 판단력이 흐려 세상이 선호하는 기준을 따라가기에 바쁘다. 행여나 내가 놓치고 있는 관리는 없는지 불안해하기 일쑤다. 이들은 늘 자기보다 예쁜 여성과 끊임없이 자신을 비교하기 때문에 외모에 대한 강박을 가지기 쉽고, 나이가 들수록 우아하고 당당해지는 게 아니라 노화에 대한 두려움과 부정적인 감정에 휩싸여 조금이라도 더 어려보이기 위해 안간힘을 쓴다.

반면 두 번째 집단은 외모가 그다지 중요하지 않다고 생각해 자신을 가꾸기 위해 애쓰지 않고 타인의 시선에도 무감각하다. 외모를 가꾸는 데에 시간과 돈을 투자하지 않는 대신 더 가치 있다고 생각하는 일, 이를테면 업무 성과나 공부, 자녀 양육 등에만 열중한다. 외모로 판단되는 것을 무척 싫어하며 누군가를 처음 만날 때조차 외모보다는 내면을 알아봐주길 기대한다. 그런 여성들 대부분은 자신의 모습을 정면으로 마주하고 객관적으로 살펴보는 일 자체에 두려움을 느끼고, 외모를 아예 외면해버리려고 한다.

사실 지금껏 내가 만났던 대다수의 여성들이 외모를 가꾸는 이유나 그 의미에 대해 깊이 생각해보는 시간을 가져본 적이 없다고 말했다. 외모 관리에 대해 균형적인 관점과 태도를 갖는 건 결코 쉬운 일이 아니다. 반복해 말하지만 우리가 외모를 가꾸고 아름다워지고 싶어 하는 첫 번째 이유는 '자신에 대한 만족감'과 '타인의 호감'을 느끼기 위해서다. 그러나 첫 번째 집단도 두 번째 집단도 스스로에 대한 만족감과 타인의 긍정적인 시선을 얻지 못한다. 모 아니면 도를 선택하는 극단적 태도는 외모를 관리할 때 지양해야 할 점 중 하나다.

나는 얼마만큼 예뻐져야 행복할까?

지금 나에게 꼭 여배우처럼 화려하고 예쁜 외모가 필요한가? 막연히 동경하고 원하는 게 아니라 정말로 필요한가? 혹시 여전히 필요하다는 생각이 든다면 그 이유는 무엇인가? 반대로 그렇지 않다면 내가 일상생활을 하면서 만족감과 행복을 느낄 수 있는 외모의 수준은 어느 정도인가?

먼저 이런 질문을 하는 이유는 '여배우처럼 예뻐질 수 없으니 포기하라'는 의미에서가 아니다. 어느 정도 수준이 되어야 스스로에게 만족감을 느끼고 원하는 삶을 살 수 있는지 현실적이고 냉정하게 생각해보라는 의미다.

우리가 느끼는 아름다움과 행복은 상당 부분 닮았다. 행복하기 위해 필요한 조건과 기준을 너무 높게 잡으면 그렇지 못한 현실이 눈에 들어와 더욱 슬퍼지고, 아름다움 역시 기준을 높게 잡으면 내 외모의 단점만 보여 자존감이 낮아지고 우울해질 수밖에 없다. 아름다움과 행복의 공통점은 바로 '기준이 과하면 피할 수 없는 괴로움으로 이어진다'는 사실이다. 그래서 스스로가 충분히 만족할 수 있는 '실현 가능한 기준'이 절실히 필요하다.

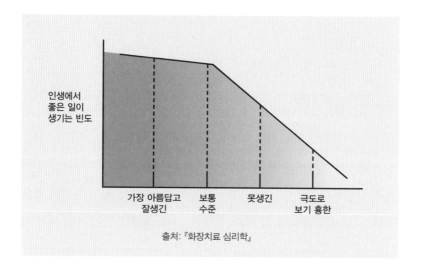

출처: 『화장치료 심리학』

우리는 예쁘고 잘생긴 사람들이 그렇지 않은 사람들에 비해 훨씬 더 행복한 삶을 살 거라 생각한다. 실제로도 과연 그럴까? 미국의 한 심리학자는 못생기거나 보기 흉한 정도의 외모를 가진 사람이 평범한 보통 수준의 외모를 갖게 되었을 때 얻는 사회적 이점을 측정해보았다. 그 결과 그래프에서 가파른 상승을 이룰 정도로 큰 차이를 보였다. 한편 외모가 보통 수준인 사람이 가장 예쁘고 잘생긴 수준으로 발전했을 때엔 사회적으로 얻는 이점이나 행복의 정도가 크게 차이나지 않았다. 외모가 예뻐지면 인생이 드라마틱하게 달라지리라 기대하지만, 실제로는 삶에서 약간의 차이를 보일 뿐 크게 달라지지 않는다는 뜻이다. 오히려 객관적인 외모 지수와는 상관없이 자기만의 기준에 맞게 외모를 관리하고 그에 만족하며 사는 사람들의 행복 지수가 훨씬 더 높은 것으로 밝혀졌다.

사실 타고난 조건이 갖추어지지 않았다면 여배우만큼 미녀가 되는 일은 불가능하다. 하지만 적당히 보기 좋은 수준의 외모를 갖는 일은 타고난 이목구비나 몸매와 상관없이 적절한 관리와 노력만으로도 누구나 이루어낼 수 있다. 스스로가 아름답다고 느낄 정도의 외모는 분명 자신감과 자존감을 불어넣어주고 행복하게 살기 위한 힘을 실어준다. 나의 꿈을 가꾸며 진정으로 원하는 삶을 살기 위해서는, 또 일과 가정, 인간관계에서 원만해지기를 원한다면 누구보다 뛰어난 미녀가 되기 위해 애쓰는 것보다 평범하지만 기분이 좋아지는 수준의 외모를 유지하며 다른 자기계발에 힘을 쏟는 편이 훨씬 더 효율적이다. 아름다움이 단지 외모의 문제만은 아니라는 사실을 우리 모두가 이미 잘 알고 있으니 말이다.

5

구체적으로
상상할 때
변화가 찾아온다

외모는 곧 생각의 발현이다

이미지 컨설팅을 할 때 내가 가장 먼저 시작하는 활동은 '마인드 트레이닝'이다. 나에 대한 생각을 바꾸는 것에서부터 이미지 변화가 이루어지기 때문이다. 지금 당장 내가 생각하는 나의 이미지를 한 문장으로 표현해보자. 단 '긍정적이고 싶은', '세련되게 보이고 싶은'과 같이 '~ 싶은'이라는 바람의 표현은 제외하고, 현재 나에 대한 솔직한 느낌을 '~한', '~인' 사람으로 표현해 적어보자. '긍정적이고 세련된'과 같이 가급적 성격과 외모에 대한 느낌을 함께 적는 것이 좋다.

나는 스스로를 어떻게 생각하고 있는가?

"나는 _____ 한(인) 사람이라고 생각한다."

그러고는 내가 적은 단어를 생각하며 거울을 보자. 나의 이미지가 그 단어와 부합하는가? 놀랍게도 나에 대한 생각은 외적인 모습에까지 영향을 미친다. 즉, 외모는 '마음 상태의 발현' 그 자체다. 자신을 긍정적으로 생각하는 사람은 외적인 모습도 밝고 건강하다. 실제로 강의를 하며 위 질문에 대한 사람들의 답을 들여다보면 자신의 실제 이미지와 매우 유사하게 적었음을 알 수 있었다.

이런저런 노력을 다 해보았지만 여전히 외모에 자신이 없다는 여성을 만난 적이 있다. 스스로 자신을 어떻게 생각하느냐고 묻자 "소극적이고 눈에 띄지 않는 사람"이라고 대답했다. 자신감이 좀처럼 생기지 않았던 이유는 바로 거기에 있었다. '나는 소극적이고 눈에 띄지 않는 사람'이라는 생각이 외모를 관리하는 데에도 영향을 미쳤고, 좀처럼 사람을 만나는 데에 자신감이 붙지 않았던 것이다. 이 여성을 위한 첫 번째 이미지 솔루션은 '자신에 대한 생각을 전환하는 것'이었다. 그녀에게 자신의 장점이 무엇이냐고 묻자 "모든 면에서 더 나아지려고 노력하는 태도"라고 말했다. 이어 앞으로 어떤 모습으로 살아가고 싶으냐고 물으니 "여성스럽고 우아한 이미지가 느껴지는 사람이 되고 싶다"고 했다. 나는 그녀에게 매일 자신이 원하는 모습과 이미지를 아주 구체적으로 떠올리며 표정과 자세에 신경 쓰고, 옷차림도 그에 맞게 조금씩 변화를 주라고 조언했다. 컨설팅이 끝나고 한 달 후, 무척 매력적으로 달라진 그녀에게 다시 "자신을 어떤 사람이라고 생각하나요?"라고 질문했다. 그러자 "언제나 긍정적인 방향으로 나아가는 아름다운 사람이요"라는 기분 좋은 대답과 함께 "매일 원하는 모습을 떠올리는 일 자체가 저를 변화시키는 최고의 원동력이 되었어요"라는 밝은 말을 들었다.

상상은 행동을 만들고 행동은 변화를 만든다

많은 사람들이 이미지 컨설팅을 이렇게 생각한다. '그 사람에게 가장 잘 어울리는 이미지를 찾아서 그대로 연출해주는 일' 또는 '멋지고 예쁜 모습으로 만들어주는 일'이라고 말이다. 물론 맞는 말이다. 하지만 진정으로 누군가를 행복하게 만드는 이미지 컨설팅이란 '스스로 자신이 원하는 이미지를 찾게 하고, 내면과 외면 모두 그 모습에 가까워지도록 돕는 일'이다. 다른 사람이 보기에 호감을 느끼는 이미지로 만드는 일 역시 무척 중요하지만, 그보다 더 중요한 건 '진짜 자신이 원하는 모습이 되는 것'이다.

"당신이 원하는 이미지는 무엇인가요?"라고 물으면 대부분의 사람은 "호감 가는 이미지를 원해요"라고 대답한다. 그런데 이는 "어떤 삶을 살고 싶으세요?"라는 질문에 대해 "행복하게 잘 살고 싶어요"라고 대답하는 것과 같다. 즉, 원하는 방향이 모호하고 불분명하다는 의미다. 사람은 누구나 행복하게 살기를 바라지만 면면이 들여다보면 각자가 바라는 구체적인 삶의 형태는 모두 다르다. 마찬가지로 사람들이 원하는 이상적인 모습은 어느 정도 비슷하지만, 각자가 원하는 이미지와 구체적인 모습은 가치관이나 취향에 따라 제각각 다르게 마련이다.

그래서 나는 누군가가 "저에게는 어떤 헤어스타일이 어울릴까요?" "저는 어떤 옷을 입어야 할까요?"라고 물으면 먼저 "어떤 이미지로 보이고 싶으세요?"라고 되묻는다. 그 사람에게 가장 잘 어울리는 헤어스타일과 의상을 골라주는 일은 어렵지 않지만, 이는 자신이 진정으로 원하는 이미지와 다를 수 있기 때문이다.

본래 여성스러운 이미지의 소유자라면 차분하고 부드러운 스타일이, 시크한 이미지라면 도시적이고 심플한 스타일이 어울린다. 하지만 정작 마음속으로는 다른 이미지를 원하는 사람이 많다. 내가 만났던 여성 중 푸근하고 편안한 이미지의 J양은 사실 스마트하고 지적인 이미지를 풍기고 싶다 말했고, 귀여운 이미지의 L양은 성숙하고 세련된 이미지를 원했으며, 얌전한 이미지의 K양은 독특하고 개성 있는 느낌을 주고 싶다고 말했다.

화장품 회사에 다니는 30대 초반의 K씨는 여드름 자국이 그대로 보이는 민낯에 앞머리는 뱅 스타일로 잘랐고, 밝은 컬러의 긴 웨이브 머리, 편안한 캐주얼 차림으로 나를 찾아왔다. 얼핏 보면 대학생이 아닌가 싶을 만큼 어려 보이는 외모의 소유자였다. 하지만 그녀는 회사에서 주로 나이 많은 고객을 상대하고 있다며, 이제는 좀 더 카리스마 있고 신뢰감을 주는 이미지로 변하고 싶다고 말했다. 나는 그녀에게 깔끔한 인상을 주는 오피스 메이크업을 가르쳐주었고, 머리는 앞머리를 조금 길러 이마가 살짝 드러나게 하고 피부색에 어울리는 차분한 컬러로 염색해볼 것을 권유했다.

며칠 후 그녀는 미용실에 다녀왔다고 했지만 헤어스타일은 이전과 비교해 큰 변화가 없었다. 그나마 메이크업은 조금 하고 나왔는데 나이가 들어 보이는 것 같다며 한숨지었다. 알고 보니 그녀의 연하 남자친구가 "자기는 꾸민 모습이 나이 들어 보여"라는 말을 했다고 한다. 그녀는 전문적이고 신뢰감 있는 이미지를 원하면서도 한편으로는 어려 보이고 싶은 마음이 커 어떻게 변화해야 할지 갈피를 잡지 못했다. 나는 그녀에게 자신이 정말 원하는 모습이 무엇인지, 그리고 어떤 모습이 자신에게 도움이 되는지에 대해 진지하게 생각해보라고 조언했다.

최근 나를 찾아왔던 20~30대 여성들은 거의 모두가 '세련된 이미지', '전문성이 느껴지는 이미지', '당당하고 지적인 이미지'를 원했다. 아무래도 사회에 나와 일을 하며 능력을 인정받고 싶은 욕구가 커졌기 때문일 것이다. 하지만 막상 그런 이미지를 제안하면 자신의 여성스러운 매력을 잃게 될까봐 두려워했다. 그러나 내가 원하는 삶에 도움이 되는 현명한 이미지 연출을 위해서는 현재 처해 있는 상황에서 어떤 이미지로 보이는 게 유리한지, 그리고 나에게 어울리는 모습이 무엇인지를 복합적으로 고려해야 한다.

내가 원하는 모습으로 변하기 위해서는 그에 대한 '구체적인 그림'이 있어야 한다. 그 그림이 구체적이면 구체적일수록 원하는 모습에 더 가까워질 수 있다. 이는 외모를 변화시키는 데에 있어 가장 중요한 법칙이다. 어떤 이미지를 원하느냐에 따라 외모 관리 행동까지도 달라지기 때문이다.

하지만 여전히 원하는 모습이 무엇이냐고 물어보면 주저하거나 막연하게 대답하는 사람이 많다. 내가 컨설팅을 하며 가장 많이 들었던 대답은 "편안하고 밝고 호감을 주는 모습"이었다. 그런데 "편안하고 밝고 호감을 주는 모습이 대체 무엇인가요?"라고 물어보면 역시나 대답을 하지 못했다. 이에 반해 원치 않는 모습을 물어봤을 때엔 "뚱뚱하지 않았으면 좋겠다", "피부가 나쁘지 않았으면 좋겠다", "촌스럽지 않았으면 좋겠다"라는 식으로 꽤 구체적인 대답을 내놓았다. 거울을 볼 때마다 내 모습 중 마음에 들지 않는 부분만을 바라보고, 나만의 매력과 장점이 무엇인지, 어떻게 발전시켜 원하는 이미지로 만들 수 있는지 고민하지 않았기 때문이다.

Think! ————————————

내가 진정으로 원하는 이미지는 무엇인가?

"나는 _____한(인) 사람으로 보이고 싶다."

나는 사람들에게 어떤 느낌을 주고 싶나요? 최대한 구체적으로 묘사해보세요.
(ex. 여유롭고 밝은 표정, 깨끗한 피부, 날씬한 다리, 여성스러운 옷차림 등)

_____

_____

_____

_____

■ 내가 원하는 모습에 따른 구체적 행동 예시

· 군살 없이 날씬한 몸 → 균형 잡힌 식사와 운동

· 곧고 바른 자세 → 항상 자세를 의식하려는 노력

· 깨끗하고 윤기 있는 피부 → 꾸준한 피부 관리, 윤기 있는 메이크업

· 생기 있는 눈동자 → 체력과 마인드 관리

· 감각적인 스타일 → 트렌드 분석, 다양한 시도

· 기분 좋은 느낌 → 미소와 밝은 표정 짓기 연습

이제 내가 원하는 모습을 매순간 그려보자. 날씬해지고 싶다면 '날씬해지고 싶다'고 마음속으로 되뇌면서 원하는 몸매를 구체적으로 상상해보자. 주변 사람들 중 내가 원하는 모습에 가까운 외모의 롤모델을 찾아 그 사람을 떠올려봐도 좋다. 정말 누구보다도 간절히 날씬한 몸매를 원한다면 이전처럼 야식을 배불리 먹고 곧장 침대로 향하는 일은 절대로 하지 않을 것이다. 남다르게 개성 있는 이미지를 원한다면 조금 튀더라도 눈에 띄는 컬러나 독특한 디자인의 옷을 사게 되지 않을까? 내가 원하는 모습을 명확히 그리면 그 모습은 행동을 통해 실현된다. 나의 생각이 행동을 제어하고, 행동이 외모의 변화를 불러일으킬 것이다.

무엇보다도 내가 원하는 이미지와 모습을 알기 위해서는 나를 깊이 탐색하는 시간이 필요하다. 나를 만나는 사람들에게 어떤 이미지로 보이길 바라는가? 원하는 모습을 능동적으로 찾고 행동하면 나에 대한 만족감도 서서히 상승할 것이다. 미래의 긍정적인 변화를 기대하는 것만으로도 나의 행동은 달라질 수 있다. 내 모습을 스스로 디자인해보자. 지금 내가 원하는 모습 그대로.

외모 관리는 내가 원하는 나를 찾는 과정이다

"외모 관리가 중요합니다"라고 이야기하면, 이를 단지 '꾸밈'이나 '치장'으로 오해하는 사람이 많다. 얼마 전 만났던 한 입시학원 강사는 "외모 관리가 인문학과는 별 연관이 없잖아요"라고 말해 큰 충격을 안겨주기도 했다. 그러나 결론부터 말하자면 나는 외모 관리야말로 가장 인문학적 접근이 필요한 분야라고 생각한다.

'나는 누구인가?', '어떻게 살 것인가?'에 대한 근원적인 질문부터 타인과의 관계, 문화와 사회에 대한 고찰까지 우리가 삶을 살아가며 생각하는 모든 것들은 인문학과 맞닿아 있다. 신체 이미지는 자기 정체성을 형성하는 핵심 요소이며, 외모 관리는 이미지를 굳건히 하고 타인에게 자신을 부각시키는 활동이다. 한 사람이 가진 외모에 대한 생각과 기준은 내면의 가치와 그 사람을 둘러싼 문화와 환경에 직간접적으로 영향을 받는다. 따라서 문화나 환경에 변화가 생기거나 내면의 가치가 달라지면, 외모를 가꾸는 행위 역시 자연스럽게 달라지기 마련이다. 그런 이유로 외국에서 오래 살던 여성들은 한국의 외모 관리 문화에 적응하기 어려워하는 경우가 많다.

외모 관리를 인문학적으로 접근해야 하는 이유는 나와 나를 둘러싼 조건과 상황을 어떻게 바라보고 생각하는지가 바로 인문학이며, 그것이 우리의 외모를 결정하기 때문이다. 나는 외모 때문에 정체성에 혼란을 겪는 사람들의 거의 모든 문제가 '자기 자신과 외모에 대한 인문학적 고찰이 부족하기 때문'이라고 생각한다. 온화하고 여유로운 이미지를 갖고 싶다면서 딱딱하고 굳은 표정으로 다니는 사람, 세련되고 우아한 이미지로 보이고 싶다면서 늘 집에서 나온 것 같은 옷차림으로 다니는 사람은 자신의 생각과 표현을 일치시키지 못하는 단적인 예다.

늘 피곤하고 지친 기색이 역력했던 30대 직장인 C씨는 사람들을 만날 때 자신의 모습을 신경 쓰는 것이 어쩐지 불편한 기분이 든다고 토로했다. 의도적으로 특정한 이미지를 가지고자 노력하는 일은 자연스럽지 않다는 것이었다. 그런 그녀에게 먼저 자신이 세상에 어떤 사람으로 비춰지고 싶은지 떠올려보기를 권했다. 처음엔 망설이며 "뭐 사람들이 저를 보고 싶은 대로 보겠지요"라고 대답했던 그녀는 곰곰이 생각을 하더니 "솔직히 이제는 좀 건강하면서도 지적인 이미지로 보이고 싶어요"라고 말했다. 이후 그녀의 이미지 변화가 성공적으로 이루어진 건 그녀가 원하는, 즉 자신이 되고 싶은 이미지를 명확히 파악했기 때문이라고 생각한다. 어떤 사람으로 보이길 원하는지는 누구나 가지고 있는 생각이며 그것을 어떻게 인정하고 받아들이느냐에 따라 우리의 모든 행동이 결정된다.

여전히 이미지 메이킹에 대해 '원래 그런 사람이 아닌데 그런 척하는 것'이라 여기는 사람들이 있다. 그리고 실제로 내면은 그렇지 않은데 외적으로만 그런 척하는 사람들이 존재하는 것도 사실이다. 하지만 진정한 이미지 메이킹은 자신이 원하는 이상적인 상에 가까워지도록 내면과 외면을 함께 가꾸어 일치시키는 것, 진짜 자신이 바라는 그 사람이 되는 것이다. 철학자 스피노자(Baruch de Spinoza)는 "인간의 진정한 행복은 더욱 완성된 자기로 나아가는 과정에 있다"고 말했다.

당신은 혹시 무엇이든 보통 사람들이 보기에 무난하고 좋은 것이 나에게도 좋다는 생각을 하고 있는가? 다른 사람들이 인정하는 가치를 따라가기 전에, 그것이 진짜 내가 원하는 것인지 반드시 나 자신에게 되물어보아야 한다. 스스로 원하는 것이 무엇인지도 모른 채 다른 사람들이 좋다고 하는 것을 무작정 따라가다 보면 정작 '나'를 잃어버리게 된다. 이제 내면의 목소리에 귀를 기울여보자. 진정 내가 되고 싶은 나는 누구인가? 모든 사람이 똑같이 부러워하는 삶은 없다. 개개인마다 추구하는 가치와 좋은 삶의 의미는 다르다. 나는 무엇을 할 때 기분이 좋은지, 어떤 상황에서 만족을 느끼는지 알아야 한다. 그저 남들이 좋다고 하는 것을 따라 해서는 절대 자신을 만족시킬 수 없다.

최근 컨설팅을 받았던 40대 중반의 한 여성은 자신이 원하는 삶과 그에 어울리는 모습을 적극적으로 생각해보는 경험이 일과 인간관계를 되돌아보는 계기가 되었다고 말했다. 과거 그녀는 늘 남의 눈치를 보고 새로운 환경에 놓이면 소극적인 태도를 보였지만, 컨설팅 이후 자신의 가치를 인정해주는 사람들과의 만남을 적극적으로 찾아 나서기 시작했고, 재능을 펼칠 수 있는 분야의 공부도 시작했다.

외모 관리는 궁극적으로 내 삶을 디자인하는 활동이다. 지금까지와는 전혀 다른 환경에서 새로운 사람을 만날 때, 나는 어떤 모습으로 비춰지고 싶은가? 제대로 들여다보지 못했던 내 마음속 이야기에 귀를 기울일 때, 나만의 아름다움과 행복에 한걸음 더 가까워질 것이다.

Check! ─────────────────

현재 내가 원하는 삶을 살고 있는가?

□ 늘 별다른 계획이나 생각 없이 흘러가는 대로 살고 있다.

□ 현재 하고 있는 일에서 특별한 의미를 찾지 못한다.

□ 나를 충전하는 시간을 갖기 어렵다.

□ 내 삶이 균형 잡혀 있지 않다고 느낀다.

□ 자주 다른 사람에게 내 기분이나 감정을 숨기고 꾸민다.

□ 집 밖에서는 마음이 편안한 상태로 있을 때가 거의 없다.

□ 다른 사람들에게 나의 의견을 솔직하게 이야기하기가 어렵다.

□ 자주 불안하고 예민하다.

□ 현재의 생활에서 벗어나 아무도 모르는 곳으로
　떠나고 싶다는 생각을 자주 한다.

□ 내가 다른 이를 위한 삶을 살고 있다고 느낄 때가 많다.

2개 이하:

당신은 현재의 삶에 대체로 만족을 느끼며 살고 있다. 자신을 즐겁게 하는 일이 무엇인지 잘 알고 있다. 당신이 느끼고 있는 평안함과 행복을 주위 사람들과 나눈다면 더 큰 기쁨을 누릴 수 있을 것이다.

3~6개:

당신은 보통 사람들과 다를 바 없는 평범한 삶을 살고 있다. 때로는 자신의 삶에 만족한다고 생각하겠지만, 이대로 시간이 흘러가면 정말 의미 있는 것들을 놓칠 수 있다. 자신의 삶을 점검해보면서 가까운 미래부터 차근차근 계획해보자.

7개 이상:

당신은 현재의 삶에 심각한 불만을 느끼고 있다. 늘 희생하는 것에 익숙하며 타인을 위해 살고 있다. 이제는 한번쯤 당신에게 주어진 모든 의무를 내려놓고, 자신에게 가장 필요한 것이 무엇인지를 찾아보길 바란다.

Mind control

CHAPTER
3

마음이
건강한 여자가
외모도 아름답다

"

　　자존감은 누군가로부터 사랑받을 때 높아지는
게 아니다. 다른 이로부터의 사랑과 관심을 갈구하
기에 앞서 나 스스로를 먼저 인정하고 사랑해야 자
존감도 높아지는 법이다.

"

1

나를 사랑할 때
비로소
아름다워진다

자존감은 내가 나를 사랑하는 마음

여기 당신이 세상에서 가장 사랑하는 사람이 있다.

그 사람의 모습은 충분히 아름답고 빛났으며 사랑스러웠다.

당신은 사랑하는 그 사람과 평생 함께할 것을 약속했다.

그 사람의 모든 것에 관심을 갖고, 그 사람이 원하고

기뻐하는 일이라면 무엇이든 들어주리라 마음먹었다.

그런데 그게 말처럼 쉽지 않았다.

일에 치이고 주변 사람들을 신경 쓰다 보니

정작 그 사람에게는 소홀해졌다.

그 사람은 당신의 관심과 사랑을 애타게 기다렸지만

당신은 그 사람이 원하는 일도 기뻐하는 일도 해주지 못했다.

당신의 사랑을 받지 못하자 그 사람은 날로 생기를 잃어갔다.

무척 외로워했고 때때로 자신을 한 번만 돌아봐달라고 눈물을 흘렸다.

그때마다 당신은

"지금 너무 정신이 없어", "너무 바쁘니까 나중에",

"조금만 더 기다려"라는 말밖에 할 수 없었다.

밖에서 일을 하며 받은 스트레스가 쌓인 날에는 그 사람에게

"왜 그렇게 보기 싫은 모습을 하고 있느냐"며 되레 화를 냈다.

그 사람은 날이 갈수록 이전과는 다른 모습으로 변해갔다.

어느 날 문득 마주친 그 사람은

너무나 초라하고 낯선 모습으로 서 있었다.

그 사람은

바로 당신이 그동안 제대로 마주하지 않았던 '당신 자신'이었다.

강의나 컨설팅을 진행할 때 나누어주는 체크리스트 중 수강생들

이 가장 체크하지 못하는 항목은 바로 "나는 나를 사랑한다"는 문장이었다. 자존감을 확인하고자 넣은 문항이었는데, 의외로 그런 사람들이 많다는 사실에 무척 의아하면서도 안타까웠다.

그렇다면 여기에서 말하는 '사랑'이란 어떤 의미일까? 그 누구도 무관심하고 학대하고 내버려두는 것을 사랑이라 칭하지 않는다. 사랑한다는 건 그 사람의 이야기에 귀 기울여주고, 마음을 이해해주고, 그가 원하는 일을 해주고 싶어 하는, 그래서 조금 더 행복해지기를 바라는 마음 아닐까? 보편적으로 우리가 생각하는 사랑 역시 마찬가지다.

그런데 왜 우리는 자신을 사랑하지 않는 걸까? 내가 오랜 시간 많은 여성들을 만나며 발견한 이유는 '스스로를 사랑해줄 만큼 그리 괜찮은 사람이 아니어서', '평소 나에게 잘 대해주지 못해서'였다. '나에게 소홀했는데', '나에게 별 관심이 없었는데', '밤낮없이 나를 혹사시켰는데', '나에게 늘 희생만 강요했는데'라는 생각이 머릿속에 맴도니 그 문항에는 체크하지 못했던 것이다.

사회초년생 L양은 누가 봐도 늘씬한 몸매에 또렷한 이목구비를 지닌 미인이었다. 하지만 그녀는 만날 때마다 잔뜩 찡그린 표정으로 '나는 내가 조금도 마음에 들지 않아'라고 말하는 것 같았다. 지금 하고 있는 일에서도 스트레스를 많이 받는다고 이야기했다. 좋은 남자를 만나 연애도 해보고 싶지만 자신의 외모가 한없이 모자라 걱정이 크다고 했다. 나는 도대체 어떤 점이 그렇게 마음에 들지 않느냐고 물었다.

"얼굴은 너무 크고 광대뼈도 튀어나왔어요. 아, 그냥 너무 못생긴 것 같아요."

대학생 K양은 꽤 귀여운 이목구비에 서글서글한 인상의 소유자였다. 하지만 그녀는 나를 만나자마자 예쁘지 않은 외모 때문에 사람들에게 제대로 인정받지 못하고, 자존감도 낮아서 괴롭다고 고백했다. 최근 몇 년간 폭식증과 거식증을 번갈아 겪으며 급격히 살이 쪘다 빠졌다를 반복했고 심각한 위장장애까지 겪고 있다고 했다. 이제는 자신의 모습을 보는 것조차 싫어 거울도 다 치워버렸다고 말했다. 그녀는 이런 자신을 도무지 사랑할 수 없다며 고개를 내저었다.

나는 그녀들의 이야기를 들을수록 진짜 문제는 외모가 아니라는 결론에 도달했다. 자신을 사랑하지 않는 마음이 인생 전반에 부정적인 영향을 미쳤고, 급기야 괜찮은 외모까지도 끊임없이 비하하고 초라하게 만들었던 것이다. 아름다워지기 위해서는 몸과 마음을 건강하게 만드는 것부터 시작해야 한다. 마음속에 어두움이 있거나 몸이 아플 때 그것을 완전히 감추기란 매우 어렵다. 내면이 오염되어 있을 때도, 신체 에너지가 부족할 때도 스스로 아름다움을 발견하기가 어렵다. 그래서 시시때때로 자신의 내면을 정화하고 몸을 돌보는 일이 필요하다. 마음이 힘들고 몸이 아프면 외모를 가꾸는 것이 즐겁기는커

녕 힘들고 귀찮은 일이 될 수밖에 없다. 나도 한때는 늘 내 모습이 마음에 들지 않아 괴로웠다. 외모나 나를 둘러싼 조건들이 달라져야만 누군가에게 사랑받을 수 있을 거라 믿었다. 하지만 그건 나만의 착각이었다. 온전히 나를 사랑할 수 있는 사람은 '오직 나'밖에 없다는 사실을 깨닫고는 스스로에게 더 관심을 기울이기로 했다. 지금 마음 상태는 어떤지, 어떤 음식을 먹고 있는지, 잠은 잘 자는지, 아픈 곳은 없는지 내 몸과 마음의 건강 상태를 체크하고 외모에도 사랑을 주기로 했다.

자존감은 누군가로부터 사랑받을 때 높아지는 게 아니다. 다른 이로부터의 사랑과 관심을 갈구하기에 앞서 나 스스로를 먼저 인정하고 사랑해야 자존감도 높아지는 법이다. 혹시 당신은 지금껏 누군가를 사랑하기 위해 그 대상이 일정 수준 이상의 조건을 갖추어야만 한다고 생각했는가? 만약 그렇게 생각했다면 아마 그 생각이 나 자신에게도 동일하게 적용되었을 가능성이 크다. '조건이 충족되지 않은 지금 이대로의 나를 사랑할 수 없다'고 스스로 괴롭혔을 것이다. 그런데 이런 생각은 '기브 앤 테이크(Give and take)'처럼 조건을 내건 속물적인 사랑에 불과하다.

자존감은 나를 긍정하고 사랑하는 마음이다. 이제 그만 나에 대한 불필요한 비판을 멈추고, 조금 부족한 나일지라도 따뜻하게 보듬어주자. 나에 대한 고민과 자책보다는 조금 더 나아질 수 있는 방향으로 시선을 돌리자. 외모를 바꾸기 이전에 나를 더욱 사랑하는 일이 선행되어야 한다. 만족스럽지 않은 내 모습을 마주할 때마다 '이런 나를 사랑할 수 있을까?'라는 생각이 들겠지만, 그 순간이야말로 마음을 가다듬고 나에게 애정을 보내야 할 때다.

사랑하라는 의미는 단지 마음속으로만 응원을 보내라는 말이 아니다. 직접 나를 위해 '사랑하는 행동'을 해주어야 한다. 기분이 좋아지는 옷을 입고, 출근길에는 힘이 나는 노래를 들으며, 교양을 쌓기 위해 독서를 하고, 피로를 풀기 위해 반신욕을 하는 등 나를 아끼는 행동을 찾아 꾸준히 실천하면 된다.

지금 나는 나를 사랑하고 있는가? 내가 원하는 나를 만드는 힘은 스스로를 온전히 사랑할 때 비로소 생겨난다. 아름다움은 나를 아낄 때 마치 기대하지 않았던 보너스처럼 따라온다. 나를 사랑하는 마음으로부터 모든 내적·외적 변화가 시작된다는 사실을 잊지 말길 바란다.

아름다움과 행복의 상관관계

"당신은 아름답나요? 그리고 행복한가요?"

이 질문에 대해 자신 있게 "예스"라고 대답할 수 있는 사람이 몇이나 될까? 사실 스스로를 아름답고 행복한 사람이라 느끼며 살아가기란 쉽지 않다. 삶에 먹구름이 끼면 어김없이 마음은 물론이고 겉으로 드러나는 모습에도 어두운 그림자가 드리우게 마련이다. 흔히들 아름다움과 행복의 관계에 대해 "아름다워져야 행복해진다"거나 "행복해야 아름다워진다"고 말하지만, 이 둘의 관계를 오랜 시간 연구해 온 나는 "아름다움과 행복은 서로를 이끌어주는 동반자적 관계다"라고 말하고 싶다.

메이크업을 통해 전 세계 여성들에게 아름다움을 전하는 바비 브라운(Bobbi Brown) 여사는 저서 『Beauty Evolution』에서 "The best cosmetic for beauty is happiness(아름다움을 위한 최고의 화장품은 행복이다)"라고 말했다. 그녀는 내면의 행복이 '진정한 아름다움을 위한 필수조건'이라는 사실을 온 세상에 알리고 있다.

외모가 예뻐지면 기분이 좋아질 거라 말한다. 물론 맞는 말이다. 스스로의 모습에 만족감을 느끼는 순간 자신감도 올라가고 당당해진다. 하지만 반드시 기억해야 할 사실이 있다. 내 외모를 남들이 칭찬해줄 때보다 스스로 만족할 때 더 큰 행복을 느낀다는 점이다. 주변 사람들로부터 아무리 예쁘다는 이야기를 많이 듣는다 해도 스스로 그렇게 느끼지 않는 여성은 외모에 대한 자존감이 낮다. 자신의 외모에 대한 주관적인 평가는 평상시에 지니고 있던 가치관에 영향을 받으며, 마음 상태와도 큰 연관이 있다.

실제로 사람은 기분 상태에 따라 자신의 외모를 다르게 느낀다. 기분이 좋고 마음이 안정적이면 '내 얼굴은 괜찮은 편이야'라고 느끼지만, 우울하고 일이 잘 안 풀릴 때는 '내 얼굴이 마음에 들지 않아'라고 생각한다. 기분이 좋지 않을 때 거울 속에 비친 내 얼굴과 몸매를 보면 단점이 더 도드라져 보인다. 다리는 통통 부은 것 같고 얼굴빛도 더 어두워 보인다. 마음이 부정적인 상태가 되면 누구든 외모에 대해 과도한 집착이나 망상에 빠질 수 있다.

반면 행복하다고 느낄 때 혹은 사랑을 듬뿍 받고 있다고 느낄 때는 굳이 거울을 보지 않아도 왠지 내가 더 괜찮게 느껴진다. 그런데 문제는 기분에 따라 다르게 보이는 내 모습이 나를 바라보는 다른 사람에게도 똑같이 비춰진다는 점이다. 사랑하면 예뻐진다는 말은 마음속 기쁨과 행복이 얼굴에 그대로 드러난다는 의미다.

30대 중반의 네일 숍 원장 K씨는 최근 몇 년간 숍을 운영하느라 자신만의 시간을 전혀 갖지 못했다. 그나마 잠시 시간이 나는 주말 저녁에는 친구들과 만나 맥주를 마시며 그간의 고단함을 풀었다. 매일 바쁘게 일하다 보니 밥을 제대로 챙겨 먹기도 어려워 빨리 먹을 수 있는 피자나 햄버거로 끼니를 때우기 일쑤였다. 운동할 여유는 없고 하루 종일 의자에만 앉아 있으니 몸은 힘든데 군살은 늘어만 갔다. 그녀는 매일 고객들을 관리해주었지만 정작 자신은 제대로 된 식사 시간도, 관리할 여유도 갖지 못했다. 일을 할 때엔 힘든 내색을 하지 않으려 노력했지만 자꾸만 눈과 입꼬리가 내려가는 바람에 얼굴에는 근심이 가득했다.

그녀는 외모에 관한 일을 하는 만큼 예뻐지고 싶은 열망도 컸다. 짬짬이 근처 백화점에 가 고가의 옷과 가방을 사며 외적 욕구를 충족시켰고, 소개팅이나 선이 들어오면 미용실에서 헤어스타일을 바꿨다. 최근에는 친구들의 추천으로 이마와 볼, 입술에 지방 성형과 필러 시술을 받았는데, 몇 달이 지나자 주입했던 지방이 조금씩 사라지면서 피부의 탄력이 더 떨어지고 말았다. 얼마 전 그녀는 또 다른 성형 수술을 계획하고 있다고 말했다. 그렇게 예뻐지고 싶어 많은 돈과 시간을 들였지만 안타깝게도 그녀의 얼굴은 점점 부자연스러워졌고 표정은 더 어두워졌다. 그녀는 내게 자신은 전혀 행복하지 않다고 말했다. 나는 일주일에 하루만이라도, 아니 단 몇 시간만이라도 온전히 자기만의 시간을 가져보라고 간곡히 권했다.

나를 찾아온 많은 여성들은 '외적 모습'만을 가꾸며 아름다워지기를 소망했다. 하지만 정작 내면의 건강이 외모에 그대로 드러난다는 사실은 알지 못했다. 아름다움을 위한 첫 번째 조건은 '예쁜 얼굴'이 아니라 '건강한 내면'이다. 우리는 건강한 마음에서 비롯된 얼굴을 볼 때 진정한 아름다움을 느낀다.

이미지 컨설팅을 할 때 내가 꼭 하는 이야기가 있다.

"외모를 바꾸기 이전에 먼저 자신의 마인드를 교정하고 재정비해야 합니다."

즉, 아름다워지고 싶다면 먼저 '정신'을 아름답게 만드는 일부터 시작해야 한다. 마음과 생각은 표정과 자세, 식습관, 운동, 패션 스타일 등 나를 만드는 모든 것에 영향을 미치고, 자기 관리 여부를 결정하며, 결국 외적인 모습의 변화까지 불러일으킨다.

내가 현재 운영하고 있는 회사 이름을 '소울뷰티디자인'으로 지은 이유도 모든 아름다움의 시작이 '내면'으로부터 시작된다는 철학을 보여주기 위해서다. 만약 지금 내 모습이 아름답게 느껴지지 않는다면 외모에 무작정 돈과 시간을 쏟기에 앞서 내면의 건강 상태부터 점검해보길 바란다. 나는 외모 관리가 고도의 정신적 활동이자 끊임없이 쌓아야 할 교양을 기르는 것이라고 확신한다.

아름다운 외모를 갖기 위해서는 먼저 부정적이고 나태한 마음을 버리고, 새로운 사고방식과 습관이 삶 속에 자리 잡아야 한다. 외모를 관리하는 일은 나만을 위한 시간을 만들고, 건강을 지키며, 커리어를 관리하고, 인간관계를 긍정적으로 만드는 자기계발의 일환이다. 그러니 이 모든 것을 컨트롤하는 '마음'이 건강하지 않으면 외모 또한 좋지 않은 방향으로 흘러가기 십상이다. 내면의 건강을 위해 먼저 나의 마음을 들여다보고, 생각을 정리하고, 지금 나에게 필요한 것이 무엇인지 알아보는 혼자만의 시간이 필요하다. 내적 에너지가 충만할 때 외모도 삶도 내가 원하는 방향으로 가꾸어나갈 수 있다.

Check! ───────────────────────────

몸과 마음이 건강한 상태인가?

☐ 자주 피곤한 느낌이 든다.

☐ 의욕이 없고 무기력함을 느낀다.

☐ 배에 가스가 차고 소화 불량 증세가 있다.

☐ 쉬는 날에도 거의 움직이지 않는다.

☐ 과일과 채소를 잘 먹지 않는다.

☐ 바쁘거나 귀찮을 때 라면이나 패스트푸드로 끼니를 때운다.

☐ 스트레스를 받으면 담배나 술로 해소한다.

☐ 자주 예민하고 신경이 곤두서 있다.

☐ 몸이 유연하지 않고 뻣뻣한 느낌이 든다.

☐ 카페인에 의존해 집중력을 끌어올린다.

3개 이하:
건강하고 안정된 상태를 유지하고 있다.

4 ～ 6개:
몸과 마음이 보내는 적신호를 감지하고 자신에게 더욱 관심을 가져야 한다.

7개 이상:
무척 심각한 상태. 하던 일을 잠시 멈추고 자신을 돌보는 데에 집중해야 한다.

2

이 세상에
단점 없는 사람은
없다

결점도 매력으로 만드는 여자의 애티튜드

여성 중 상당수는 대중 매체에서 규정한 '미녀의 기준'에 자기를 비추어보고, 비현실적인 아름다움을 동경하며 좌절을 반복한다. 그런 관점으로 거울을 보면 내 모습은 수정이 필요한 비판의 대상일 수밖에 없다. 사실 오늘날 대중이 인식하는 이상적인 외모의 기준은 텔레비전 속 연예인에 맞춰져 있다. 걸그룹의 바비 인형 같은 몸매는 가장 예쁜 몸매의 기준으로, 여배우의 작은 얼굴과 또렷한 이목구비는 바람직하다고 칭찬받는 얼굴로 통하면서 자신의 외모를 폄하하는 여성이 늘고 있다. 그래서일까? 있는 그대로의 내 모습에 자신감을 가지라는 이야기는 어쩐지 무척 공허하고 무의미하게 느껴진다.

외모의 중요성이 부각되고 외모의 가치가 그 어느 때보다 높아지고 있지만, 정작 자신의 외모에 만족을 느끼는 사람은 점점 줄어들고 있다. 먼저 이야기를 꺼내지 않으면 몰랐을 외모의 단점을 습관적으로 고백하고 비판하는 여성도 많다. 누군가 "무척 날씬하시네요"라고 칭찬하면 "아니에요. 제 다리가 얼마나 뚱뚱한데요"라는 말로 응수하는 것처럼, 자기 비하나 부정이 곧 겸손이라 믿는 의식도 만연해 있다. 또 뛰어난 미인과 사진을 찍을 때면 스스로 "오징어가 되었다"는 우스갯소리를 할 정도로 많은 여성들이 자신의 외모에 대해 필요 이상으로 비판적이고 낮은 평가를 내리고 있다.

실제로 외모가 뛰어난 사람과 스스로를 비교하는 일은 모두가 예상 가능한 결과를 초래한다. '나는 별로 예쁘지 않아'라는 자기 부정의 상태가 바로 그것이다. 하지만 죽을 때까지 온갖 수단과 노력을 다 동원해도 나보다 예쁜 사람은 항상 존재하게 마련이다. 그래서 끊임없이 남과 비교하고, 타고난 나의 외모를 부정적으로 바라보는 일은 내 인생에 아무런 도움이 되지 않는다. 자꾸만 단점을 찾으려 하면 내 외모가 가진 고유한 장점마저 인정하지 못하게 된다.

두꺼운 눈꺼풀에 동양적인 얼굴과 통통한 체격을 가진 S양은 대

131

학교 입학을 앞두고 아직은 가꾸어지지 않은 학생의 모습을 한 채 나를 찾아왔다. 자신에게 어울리는 메이크업을 배우고 싶다는 그녀에게 나는 홑꺼풀의 매력을 살릴 수 있는 아이 메이크업과 얼굴 윤곽을 살리는 블러셔 표현법을 중점적으로 가르쳐주었다. 그녀는 소위 말하는 전형적 미인은 아니었지만, 이목구비의 고유한 장점을 살려주자 무척 매력적으로 변신했다. 혹시 쌍꺼풀 수술을 할 의향이 있냐고 조심스럽게 묻자, 그녀는 미소를 띠며 이렇게 답했다.

"요즘 거리를 나가보면 다들 얼굴이 비슷하잖아요. 저는 남들과 다른 동양적인 제 눈이 정말 좋아요."

자신의 얼굴을 좋아한다는 그녀가 여느 성형외과 광고 속 미녀보다 더 아름답게 보인 건 나만의 느낌이었을까? 그녀는 자기 모습을 사랑하는 '진정한 아름다움'의 조건을 갖추고 있었다. 그녀에게서 뿜어져 나오는 빛나는 자신감과 당당함이 바로 우리가 갖추어야 할 아름다운 여자의 애티튜드다.

남과 다른 내가 아름답다

나는 외모의 기준이 지나치게 높은 여성을 만날 때마다 이렇게 이야기한다.

"혹시 연예인이 되고 싶으신 건 아니지요? 그런 게 아니라면 지금 모습 그대로를 잘 가꾸어보세요. 나만의 장점을 살리면 충분히 매력적으로 보일 거예요."

자신의 삶이 뜻대로 흘러가지 않을 때 외모에 자신이 없거나 자존감이 낮은 여성들은 '이게 다 예쁘지 않은 내 외모 탓이야'라고 생각한다. 과거의 나 또한 그랬다. 외모의 단점에 집착하던 대학 시절, 연극부에서 중요한 역할을 맡지 못할 때엔 작은 키를 원망했고, '내가 더 예뻤더라면 상황이 달라졌을 텐데'라는 말도 안 되는 생각에 사로잡혔다. 하루에도 몇 번씩 단점에 대해 푸념하기 일쑤였다. '키가 10센티미터, 아니 5센티미터만 더 크면 좋겠다', '허벅지랑 팔뚝은 왜 이렇게 굵은 거야', '왜 볼살이 빠지지 않지?', '토끼 이빨 너무 싫다. 교정을 했어야 했나'라며 가질 수 없는 모습을 동경하고 스스로를 부정하고 비판했다. 하지만 그럴수록 나아지는 건 아무것도 없었다. 점점 자존감만 낮아질 뿐이었다.

하지만 외모보다는 마음을 먼저 치유하고 교정하면서 비로소 나는 외모에 대한 집착과 부정적인 생각들로부터 자유로워졌다. 내가 가진 모습 그대로를 인정하고 기분 좋게 가꾸어나가면서, 어느덧 단점이라 생각했던 부분들이 나만의 특별한 매력처럼 다가왔다. 거울에 비친 내 모습은 이전과 크게 달라지지 않았지만 '그 누구도 아닌 나여서 좋다'는 자신감도 생겨났다. 체형에 어울리는 스타일을 찾으면서 오랜 콤플렉스였던 158센티미터의 작은 키는 적당히 아담하게 느껴졌고, 비율만큼은 괜찮다는 자신감이 생겼다. 얼굴을 돋보이게 하는 메이크업과 다양한 헤어스타일을 시도하면서 그동안 몰랐던 내 얼굴의 장점을 발견하기 시작했다. 그렇게 십수 년이 지난 지금, 나는 과거에 그토록 바꾸고 싶어 했던 내 외모의 단점이 잘 기억나지 않는다. 어느덧 나는 외모 콤플렉스라고는 가져본 적이 없는 사람처럼 자신감과 만족감으로 충만해졌다. 다른 모습을 꿈꾸지 않는 지금의 나는 내모습을 온전히 책임질 수 있는 사람이 되었고, 과거 그 어느 때로도 돌아가고 싶지 않을 만큼 지금의 내가 좋아졌다. 물론 어떤 날에는 안색도 좋지 않고 퉁퉁 부은 다리가 코끼리 다리처럼 느껴지지만, 거울 속에 비치는 반짝이는 눈동자와 미소만큼은 너무도 사랑스럽다.

결과적으로 내 자신감이 높아진 이유는 이전과 다른 이목구비나 신체를 가졌기 때문이 아니다. 남과의 무의미한 비교를 멈추고 내가 가진 매력을 가꾸고 드러낸 결과다. 얼굴이 크면 아름답지 않은 걸까? 피부가 까무잡잡하면 못생겼을까? 키가 작다면? 턱에 각이 졌다면? 눈이 작거나 코가 낮다면? 그 누구도 영화배우 안젤리나 졸리를 보고 광대뼈가 두드러졌기 때문에 미인이 아니라고 말하지 않는다. 피겨 여왕 김연아의 눈에 쌍꺼풀이 없다는 이유로 폄하하지 않는다. 오히려 그런 점 때문에 그녀들이 더욱 매력적으로 느껴진다. 아름다운 외모는 단순히 이목구비나 신체 조건으로 완성되지 않는다.

우리는 모두 각자의 개성과 장점(꽃과 나무)을 가지고 있다. 나만의 아름다운 정원을 만들기 위해서는 먼저 내가 가진 꽃과 나무가 어떤 것인지 알아야 한다. 꽃과 나무가 있다고 아름다운 정원이 만들어지지는 않는다. 각각의 특성을 이해하고, 잘 가꾸고, 서로 조화를 이루게 할 때 나만의 아름다운 정원을 만들 수 있다.

지금 당장 거울 앞으로 달려가 내 얼굴과 신체 곳곳에 숨어 있는 매력을 발견해보자. 그리고 내가 가진 자원을 최대한 활용해 아름답게 보이는 방법을 배워보자. 그것은 나이가 들어도, 아니 오히려 나이가 들수록 더 아름다워지는 강력한 무기가 될 것이다.

이제 내 모습에 대한 비판을 멈추자. 거울을 볼 때 마음에 들지 않는 부분이 보인다면 칭찬과 긍정의 언어로 바꾸어 생각해보자. '왜 이렇게 눈이 작지?'라는 생각이 들면 '작은 눈이 섬세해 보여'라고, '코가 너무 낮아'라는 생각이 들면 '작은 코가 귀여워'라고, '왜 이렇게 다리가 두껍지'라는 생각이 들면 '건강한 내가 매력적이야'라고 생각을 전환해보자. 남과 다른 내 모습이 바로 고유한 매력이며, 아름다움의 시작은 늘 내 마음속에서 비롯되니 말이다.

Think! ─────────────────────────

나만이 가진 내 외모의 매력은 무엇인가?

내 외모를 긍정적으로 바라보기 위해서는 먼저 바꿀 수 없는 부분에 대한 미련이나 아쉬움을 버려야 합니다. 스스로의 노력에 의해 개선될 수 있는 부분과 내 외모의 장점에 집중해보세요.

■ 내 외모에서 사람들의 평가나 객관적인 기준과 상관없이
　마음에 드는 부분은 어디인가?
　(가능한 한 많이 적을수록 좋다)

_____

_____

_____

_____

■ 내 외모에서 가장 변화를 주고 싶은 부분은 어디인가?

_____

_____

_____

_____

■ 내 외모에서 마음에 들지 않지만
  그대로 받아들여야 하는 부분은 어디인가?

_____

_____

_____

_____

■ 외모에서 변화를 주고 싶은 부분 중
  스스로의 노력으로 개선할 수 있는 부분은 어디인가?

_____

_____

_____

_____

■ 이제 나의 매력을 어떻게 드러낼 수 있는가?

_____

_____

_____

_____

3

나의 변화를
가로막는
3가지 적

내 안의 적부터 설득하라

30대 초반의 직장인 L씨는 살이 급격히 찐 느낌이 들 때마다 집 근처 헬스장으로 달려가 회원권을 끊었다. 이제 곧 여름이 온다는 생각에 마음이 더 급해졌다. 그런데 결심을 굳힌 지 일주일도 채 지나지 않아 어느 날은 '컨디션이 안 좋아서', 또 어느 날은 '야근 때문에', '귀찮아서'라는 이유로 하루하루 빠지기 시작했다. 어느새 회원권 기간이 끝나가자 '아, 또 헬스장 좋은 일만 했네……'라며 한숨을 쉬었다. 친구들과 워터파크에 놀러 가기로 한 날은 코앞으로 다가왔지만, 그녀의 뱃살은 조금도 빠지지 않았다.

나는 지금 간절하게 변화를 원하고 있다. 하지만 내가 변화를 결심할 때마다 나를 붙잡고 제발 변하지 말라고 끈질기게 속삭이는 존재가 있다. 누구일까? 바로 '나 자신'이다. 더 자세히 말하면 새로운 것을 원하지 않고 변하고 싶지 않아 하는, 내 마음속에 살고 있는 '적'이다. 이 적은 내가 무엇을 시도하려 할 때마다 나를 끊임없이 저지하고 나선다. 이를 이기기 위해서는 먼저 적의 속성부터 파악해야 한다. 적을 이기고 설득해야만 내가 원하는 모습으로 변화할 수 있기 때문이다.

첫 번째 적: 귀찮아

먼저 첫 번째 적은 '귀찮아'라는 마음이다. 앞서 말했듯 사람의 마음속에는 두 가지 상반된 욕구가 존재한다. 하나는 '예쁘고 보기 좋은 모습으로 꾸미고 싶은 마음'이고, 다른 하나는 '그저 편하게 내버려두고 싶은 마음'이다. 사실 특정한 날 하루만 예쁘게 꾸미는 일은 그리 귀찮지도, 어렵지도 않다. 하지만 일주일, 한 달, 1년을 지속적으로 관리하기 위해서는 상당히 많은 에너지가 필요하다. 더군다나 우리는 매일 바쁜 일상을 살고 있다. 피곤하면 화장을 지우지 못한 채 잠들

수도 있고, 쏟아지는 업무에 운동할 시간을 빼앗기기도 한다. 게다가 심리적으로 우울해지면 체력도 떨어지고 만사가 귀찮아진다. 여기서 '귀찮다'는 마음은 외모 관리를 중단하게 하거나 시도조차 하지 못하게 하는 가장 강력한 적이다.

정말로 외모를 변화시키고 싶다면 '귀찮아'라고 말하는 내 안의 적을 설득해야만 한다. 귀찮다는 생각이 고개를 들 때마다 변화 이후 자신에게 찾아올 긍정적인 결과들을 머릿속에 떠올려보자. '귀찮아' 대신 '기대돼'와 '즐거워'가 고개를 들 수 있도록 말이다.

두 번째 적: 생각하지 말자

의외로 자신의 내면 상태를 들여다보지 않거나, 외적 모습에 전혀 신경 쓰지 않는 사람이 많다. 어떤 결심을 행동으로 옮기기 위해서는 먼저 '무엇을 변화시켜야 하는가?'를 생각해야 한다. 외모 관리가 정신적 활동이라고 말하는 이유는 '나에게 지금 무엇이 필요한지', '내가 원하는 삶이 무엇인지'에 대해 생각하게 만들기 때문이다. 지금보다 보기 좋은 외모를 만들기 위해서는 먼저 나 자신에게 애정 어린 시선을 보내야 한다. 내가 '생각'하지 않는 동안 내 모습은 걷잡을 수 없을 만큼 좋지 못한 방향으로 흘러가버리게 된다. 지금 이 순간 나에게 어떤 변화가 필요한지 생각해보길 바란다.

세 번째 적: 이만하면 됐어

'나는 지금 이대로 괜찮아. 이 정도면 충분해'라는 생각에는 '왜 굳이 변해야 해?'라는 의식이 숨어 있다. 강의를 나가보면 종종 자신에게는 특별히 변화가 필요하지 않다고 말하는 사람이 있는데, 왜냐고 물어보면 "지금 이대로도 괜찮기 때문"이라고 대답한다. 지금껏 사는 데 문제도 없었고 누가 지적하지도 않았으니 특별히 외모를 가꾸기 위해 노력하고 싶지 않다는 말이었다. 하지만 안타깝게도 그렇게 이야기하는 사람치고 정말로 '이미지가 괜찮은 사람'은 단 한 명도 없었다.

하버드 대학교 의과대학 교수이자 보스턴 브리검 여성병원 정신의학분과 연구소장인 조지 베일런트(George E. Vaillant) 교수는 저서 『행복의 조건』에서 이렇게 말했다. "인간은 평생 변하고 성장하는 존재다. 그 때문에 우리가 행복할 수 있는가는 '어떻게 변화하고 성장할 것인가'라는 고민에 달려 있다." 우리를 둘러싼 세상은 늘 변하고, 자신이 원하는 인생을 살기 위해서는 변화와 성장이 꼭 필요하다. 지금 이대로 머무르는 것이 결코 도움이 되지 않는다는 이야기다. 우리의 목표는 아름다운 나 자신으로 발전하는 것이다. 누구에게나 외면과 내면 모두 긍정적인 변화가 필요하다.

다만 여기서 말하는 '변화'의 개념을 오해하지 말았으면 한다. 나의 정체성을 바꾸거나 완전히 다른 모습으로 변해야 한다는 의미가 아니라, 지금 내가 가진 고유의 모습이 더욱 빛날 수 있도록 가꾸어야 한다는 뜻이다. A가 B나 C로 변할 수는 없지만 A$^+$로는 변할 수 있듯이, 지금의 나에게 조금씩 긍정적인 변화를 주는 것만으로도 나의 모습과 삶은 더 아름다워질 수 있다. 모든 변화의 시작은 '오픈 마인드'다. 열린 마음, 받아들이는 마음을 가져야 한다. 때로는 나를 위한 다른 사람의 쓴 조언에도 귀를 기울이고, 도움이 되는 것이라면 적극적으로 받아들여야 한다.

나를 둘러싼 모든 것은 내 자신의 믿음과 내가 설정한 가능성의 한계에 따라 결정된다. 내 안의 적들을 설득하고 변화를 결심하는 순간, 그간 무심코 지나쳤던 외모 관리 정보들이 눈과 귀에 들어오고 나를 아름답게 하는 행동을 선택하게 될 것이다. 그동안 나를 끈질기게 막아서던 내 안의 적들이 나를 향해 응원의 박수를 보내게 될지도 모를 일이다.

4

작은 선택이 모여
외모를
완성한다

중요한 건 '지금' '바로' '실천'이다

아름다운 모습으로 변하기 위해서는 반드시 기억해야 할 한 가지가 있다. 바로 '스스로의 의지로 지금 바로 움직여야 한다'는 불편한 진실이다. 사실 외모의 변화를 꿈꿀 때 누구나 이런 환상을 가지고 있다. 일류 스타일리스트와 메이크업 아티스트, 헤어 디자이너를 찾아가 멋지게 메이크 오버(Make-over)를 하고 싶다는 생각이 그것이다. 그들은 마치 마법처럼 내 외모를 아름답게 변신시켜줄 것 같은 생각이 들기 때문이다.

그런데 타인이 만들어준 즉각적인 변화는 결코 오래 지속되지 않는다. 그들의 손길이 없으면 오늘 당장 내가 무슨 옷을 입어야 하는지, 어떤 메이크업을 해야 할지 스스로 판단할 수 없기 때문이다. 나의 노력과 판단 없이 타인에 의해 완성된 변화는 온전히 내 것이 될 수 없으며 앞으로의 아름다움까지 책임져주지 못한다.

정말로 절실하게 외모의 변화를 원한다면, 먼저 자신을 스스로 가꾸는 방법부터 익혀야 한다. 그 누구도 내가 원하는 모습을 완벽하게 캐치하고 만들어주지 못하며 연예인이 아닌 이상 누군가가 하루 종일 나를 따라다니며 챙겨주지도 못한다. 매순간 나의 외모를 선택하고 관리하는 주체는 다름 아닌 '나 자신'이라는 점을 잊지 말아야 한다.

20대 후반의 연구원 L씨는 늘씬한 몸매로 주변 여성들의 부러움을 한 몸에 받고 있다. 빡빡한 프로젝트를 소화해야 하는 바쁜 일정 속에서 그녀가 따로 운동을 할 거라 생각하는 사람은 아무도 없었다. "날씬한 몸매를 타고나서 좋겠어", "난 언제 이런 몸을 가져보나" 하는 주변 사람들의 부러움 가득한 말들이 이어졌다.

그런데 사실 내가 아는 그녀는 틈나는 대로 스트레칭을 하는 것은 물론, 매일 아침 출근 전에 한 시간씩 꼬박꼬박 운동하는 생활 습관의 승리자였다.

이에 반해 30대 초반의 J씨는 다이어트 배틀 프로그램에 나가 트레이너의 혹독한 감시 속에 3개월 만에 12킬로그램을 감량하는 데 성 공했다. 그녀는 다이어트 이후 드라마틱하게 달라진 몸매를 여기저기 뽐내고 다녔지만, 정작 평소 음식을 먹던 습관은 고치지 못했다. 한동 안 조심하긴 했지만 일상으로 돌아와 업무 스트레스가 쌓이자 예전처 럼 달고 짠 야식을 즐겨 먹기 시작했고, 불과 4개월 만에 감량 전 몸무 게로 돌아가고 말았다.

많은 여성들이 멋지게 외모를 변화시키고 싶어 하지만, 정작 그 욕망을 채우기 위한 작은 노력조차 유지하지 못하는 경우가 많다. 외 모를 가꾸는 일에 소홀한 사람들은 외모란 '타고나는 것', '돈과 시간 만 있으면 충분히 얻을 수 있는 것'이라며 자기를 위안하기도 한다. 하지만 아무리 멋진 이목구비를 갖고 태어났어도 일상 속에서 제대로 관리하지 못하면 아무 소용이 없다. 나이가 들수록 유전자의 영향은 약해지게 마련이며, 경제력이 있어도 게으르거나 관리에 대한 관심이 부족하면 결국 외모는 망가지기 십상이다.

20대 시절에 나는 정말로 연예인처럼 날씬한 몸매를 갖고 싶다는 강박에 시달렸다. 하지만 타고나기를 팔다리가 통통하고 살도 쉽게 찌는 체질이었기 때문에 내가 원하는 몸매로 변신하기가 너무도 어 려웠다. 당시 나는 "살을 빼야 해"라는 말을 입에 달고 살았는데, 문제 는 정작 그 어떤 실천도 하지 않았다는 것이다. 누구나 그렇듯 바쁘다 는 핑계로 운동을 하지 않았고, 주말이면 쉬어야 한다는 생각에 소파에 누워 하루 종일 텔레비전을 보고, 아침이면 이불 속에 파묻혀 1분이라도 더 자야겠다고 투정을 부렸다. 이런 행동은 그 누구도 아닌 모두 '나의 선택'이었다.

외모를 망가뜨리는 가장 쉬운 방법은 '편한 대로 행동하는 것'이라는 말이 있다. 하지만 편하게 있고 싶은 욕구를 억제하는 건 결코 의식 없이 이루어지지 않는다. 보기 좋은 체형을 유지하기 위해 운동하는 것, 깔끔한 인상을 주기 위해 헤어스타일을 바꾸고 메이크업을 하는 것, 때와 장소에 맞는 옷을 입는 것 등 모든 외모 관리는 결국 매 순간 자신의 행동을 선택하려는 의지와 노력으로 완성된다.

사람은 모두 타고난 모습과 주어진 환경이 다르다. 하지만 이것만은 꼭 기억해주었으면 한다. 내 모습에 대한 책임은 온전히 나의 선택에 달려 있다는 것을. 귀찮다고 인스턴트 음식을 먹는 것도, 자기 전 화장을 지우지 않는 것도, 매일 운동을 다짐하지만 정작 가까운 거리도 차로 이동하는 것도 모두 나의 마음이 결정한 일이다. 매순간 올바른 선택을 하고 마음먹은 일을 내일로 미루지 않는다면 우리의 외모는 반드시 긍정적으로 변할 것이다.

미국의 작가 토니 로빈스(Tony Robbins)는 저서 『Money』에서 이런 말을 남겼다. "우리는 누구나 자신의 인생을 바꿀 수 있다. 우리가 원하는 것은 뭐든 할 수 있고 가질 수 있으며 또 원하는 그 무엇이 될 수 있다. 중요한 건 이를 실천에 옮길 열정이다." 외모를 변화시키기 위한 가장 확실한 방법은 스스로 아름다워지겠다고 결심하는 것, 그리고 지금 당장 지속할 수 있는 작지만 긍정적인 행동을 실천하는 것이다.

성형외과 의사도 내 인생을 바꿔줄 순 없다

예뻐지기 위해 혹은 자신의 모습에 즉각적인 변화를 주기 위해 우리가 가장 먼저 떠올리는 방법은 '성형 수술'이다. 특별한 노력 없이 돈만 있으면 예쁜 얼굴을 만들 수 있다는 생각이 들기 때문이다. 게다가 우리를 둘러싼 성형외과 광고들은 "행복해지기 위해서는 반드시 예뻐져야 한다"고 수술을 조장하는 분위기까지 만들고 있다. 미디어에 등장하는 연예인들은 텔레비전 토크쇼에 나와 아무렇지 않게 성형을 고백하고, 수술이 일상적인 관리법인 양 이야기를 하고 있다. 과거 사진과 달리 너무도 예뻐진 연예인을 보거나 성형으로 예뻐진 주변 친구들을 만나면 '나도 한번 해볼까?'라는 마음이 드는 건 어쩌면 당연하다.

그래서일까? 정말로 많은 여성들이 대중 매체에서 규정한 미인의 얼굴과 가까워지기 위해 성형 수술을 계획하고 있다. 실제로 내가 상담을 통해 만나본 몇몇 20대 여성들은 성형을 통해 미인이 되면 척박한 현실에서 벗어나 이전과는 다른 삶을 살 수 있을 거란 막연한 기대에 사로잡혀 있었다. 심지어는 그 믿음이 너무나도 굳건해 당황스럽기까지 했다.

그런데 재미있는 점은 30대 이상의 평범한 여성들에게 "당신이 성형 수술을 통해 미인이 된다면 삶이 얼마나 달라질까요?"라는 질문을 해보았더니, 대부분 "한동안 기분은 좋겠지만 인생이 크게 달라질 것 같지는 않아요"라는 답변이 나왔다는 것이다. 10대나 20대에 비해 인생을 더 많이 살아온 그녀들은 '외모가 삶의 모든 문제를 해결해주지 않는다'는 당연하고도 평범한 진리를 잘 알고 있었다.

그럼에도 여전히 많은 여성들이 성형 수술을 통해 외모를 바꾸고 싶어 한다. 꽤 오랫동안 인기를 끌었던 몇몇 메이크오버 프로그램에서는 못생겨서 우울했던 여성들의 삶이 성형을 통해 긍정적으로 변했다는 내용을 보여주면서, '외모가 바뀌면 인생도 바뀐다'는 메시지를 강하게 전달했다. 그녀들은 달라진 외모로 자신감을 회복했다고 말했지만, 나는 그런 프로그램을 볼 때마다 마음속 깊이 불편함을 느꼈다. 메이크오버 이후의 모습에서는 원래 그 사람이 갖고 있던 고유의 매력과 개성이 하나도 남아 있지 않았다. 그 프로그램은 그저 예쁘지 않다면 '다시 태어난 것처럼 전혀 다른 모습이 되어야만 원하는 삶을 살 수 있다'고 우리를 압박하고 있었다.

양악 수술 후 예뻐진 얼굴로 화제를 모았던 개그우먼 K씨는 한 방송 인터뷰에서 "달라진 외모에 대해 한동안은 만족을 느꼈지만, 얼마 지나지 않아 외모 외에는 달라진 게 하나도 없는 현실에 큰 괴리감을 느꼈다"고 고백했다. 그녀 역시 예뻐지면 행복해지리라 믿었고, 원하는 모든 일이 외모 하나로 다 이루어질 거라 생각했을 것이다.

한 공중파 프로그램에서는 평균 성형 수술 횟수가 10회 이상인 성형 미인들을 인터뷰하며 그들의 삶을 전혀 다른 시각으로 조명했다. 그녀들은 성형 수술 이후 변한 건 조금 달라진 외모일 뿐, 그 외 모든 것은 여전히 그대로였다고 이야기했다. 그들 중 가장 성형 수술을 많이 한 여성은 "수술 후 모습은 완전히 바뀌었지만 내 삶이 여전히 만족스럽지 않고, 지금은 과도한 성형 수술로 사라져버린 본래 내 모습이 그립다"고 전했다.

21살 대학생 B양은 또래 친구들에게 있어 선망의 대상이었다. 작은 얼굴에 오밀조밀한 이목구비로 쇼핑몰 피팅 모델을 하며 꽤 많은 돈을 모았기 때문이다. 한 시간에 6000원 남짓 받는 친구들과 달리 서너 시간을 일해 50만 원 가까운 큰돈을 받았던 그녀는 당연히 여느 대학생과는 수준이 다른 소비를 했다. 카메라에 잘 받는 얼굴을 만들기 위해 눈과 코를 성형으로 손보았고, 주기적으로 피부 레이저 시술을 받는 것은 물론 필요할 때마다 필러와 보톡스를 맞으며 얼굴 관리에 열을 올렸다. 나름 피팅 모델로 알려지고 나서부터는 가방도 최신상의 명품만 고집했다. 씀씀이가 커지면서 이 정도면 많다고 생각했던 수입도 다른 모델에 비해 턱없이 낮게만 느껴졌고, 많은 수입을 올리기 위해 더 예뻐져야겠다는 강박에 시달리며 다이어트와 각종 시술에 돈을 쏟아부었다.

누가 봐도 예뻤던 그녀의 얼굴은 어느덧 만화 속에서 튀어나온 것 같은 비현실적인 외모로 바뀌었다. 포토샵으로 보정한 셀카를 SNS에 올리면 수많은 댓글을 받고 꽤 높은 조회 수를 기록하지만, 이상하게도 그녀는 알 수 없는 공허함 때문에 우울증에 시달리고 있다고 했다. 화려한 모델 생활을 하며 친하게 지냈던 친구들과는 점점 멀어졌고, 자신에게 호감을 보이는 남자는 모두 외모만 보고 접근하는 것 같아 제대로 된 연애도 어렵다고 고백했다.

20대 후반의 C양은 대학 진학 실패 후 특별히 하고 싶은 일을 찾지 못했다. 부모님이 주시는 용돈으로 생활을 하며 주말마다 클럽에 가는 게 그녀의 유일한 취미 생활이었다. C양의 주변에는 연예인을 지망하는 예쁜 친구들이 많았는데, 돈이 많은 애인을 사귀는 친구들을 보며 '예뻐지면 원하는 것을 모두 손에 넣을 수 있다'는 생각이 들었다고 했다. 여러 번의 성형 수술 끝에 C양의 얼굴은 주변 사람들이 전혀 알아보지 못할 만큼 크게 달라졌다. 그녀는 외모를 가꾸는 데에 여전히 많은 돈을 쓰고 있지만 정작 외모에 대한 불안감이 사라지지 않고 있으며 자신을 둘러싼 현실이 바뀌지 않는다며 나에게 상담을 요청했다.

서울대학교 의과대학 연구팀이 전국 남녀 대학생 2000여 명을 대상으로 실시한 '성형 수술에 관한 의식 조사' 발표 자료에 따르면, "성형 수술을 한 경험이 있는 사람 중 95.7퍼센트가 향후 수술을 더 받겠다"고 응답했다. 성형을 받았던 주변 지인들만 보더라도 '성형을 더 하고 싶다', '여전히 얼굴이 만족스럽지 않다'고 말하는 걸 보면 수술 이후의 얼굴에 만족할 확률은 사실상 그리 높아 보이지 않는다.

물론 나는 성형 수술의 순기능을 인정한다. 성형 수술을 통해 외모 콤플렉스를 극복하고 당당함과 자존감을 얻을 수 있다면 말리고 싶은 생각이 없다. 보톡스를 맞고 심각한 사각 턱 콤플렉스에서 벗어난다면, 휘어진 콧대를 수술로 교정하고 남들 앞에 당당히 얼굴을 드러낼 수 있다면 분명 성형 수술이 '자존감을 높이는 효과적이고 긍정적인 수단'이라 할 만하다. 하지만 최근 여성들 중 상당수는 단지 '외부에서 규정한 아름다움에 자신의 얼굴을 맞추기 위해' 수술을 계획하고 있는 게 현실이다. 이는 절대로 건강한 문화가 아니다. 연예인이나 성형외과 광고에 등장하는 얼굴을 갖기 위해 견적을 내러 다니는 어리석은 행동은 그만두어야 한다.

실제로 나를 찾아왔던 여성 중 몇 명은 수천만 원대 성형 견적을 받고 진지하게 수술을 고민했다. 하지만 자신과 세상에 대한 긍정적인 태도를 갖고 외모에 대한 시각을 교정한 후 자신에게 맞는 외모 관리 방법을 배우자, 계획했던 수술을 취소하거나 최소한의 시술을 받는 선으로 마음을 고쳐먹었다. 인위적인 수술보다는 자연스러운 관리로 외모의 변화를 경험하면서 점점 더 나를 사랑하게 되었다고도 말했다. 대대적인 수술을 하지 않아도 그녀들은 분명 행복해졌고 원하는 삶에 더 가까이 다가갔다.

여자라면 누구나 일생에 한 번은 '미녀'가 되고 싶다고 생각한다. 내 삶이 더 나아질 거란 기대와 타인으로부터 인정받고 싶은 심리 때문이다. 하지만 내적 성숙이 이루어지지 않은 채 '단순히 예뻐지기 위해' 하는 성형 수술은 내 삶을 본질적으로 바꾸어주지 못한다. 성형을 통해 예뻐지고 싶었던 여성들이 아무리 원하는 만큼 예뻐져도 행복하지 않았던 이유는 정작 '자신의 내면과 세상을 바라보는 눈'이 달라지지 않았기 때문 아닐까?

그래서 나는 성형 수술을 계획하고 있는 여성들에게 이렇게 이야기해주고 싶다. "얼굴을 고치기 이전에 못난 자화상이 그대로 남아 있는 내면부터 반드시 성형해야 한다"고 말이다.

5

예뻐지는
누군가의 비결이
나에게 소용없는 이유

다른 누구도 아닌 나만의 노하우를 만들어라

얼마 전 대학 입학을 앞둔 새내기 여대생이 자신에게 잘 맞는 메이크업 방법을 알고 싶다며 나를 찾아왔다. 그녀는 유튜브와 뷰티 블로그를 수시로 들락거리며 여배우가 쓴다는 화장품을 구입하고, 유명 아티스트의 강의를 따라 했다고 했다. 그런데 어쩐 일인지 동영상 속 여성들과 달리 자신은 어딘가 모르게 어색하고 어울리지 않았다고 했다. 대체 어떤 메이크업을 따라 했는지 살펴보니, 그녀가 했던 메이크업은 모두 잡지 화보 속 모델이나 시상식 연예인에게나 어울릴 법한 화려한 스타일이었다. 청순하고 동양적인 느낌의 그녀에게 어울릴 리 만무했고, 섀딩을 강조한 메이크업은 평소 운동화를 즐겨 신는다는 그녀에게 너무 무겁게 느껴졌다. 나는 그녀의 얼굴에 어울리면서도 일상에서 어색하지 않은 내추럴 메이크업을 가르쳐주었고, 그제야 자신이 예뻐진 것 같다며 기뻐했다.

여배우들이 바르고 나온 립스틱이나 드라마 속에 등장한 옷과 가방은 늘 품절 대란을 일으킨다. 하지만 정작 자신의 체형에 전혀 어울리지 않는 옷을 입거나, 평소 입는 옷과 매치가 되지 않는 가방을 들고, 본인의 피부색과 맞지 않는 컬러의 립스틱을 바르면 오히려 따라 하지 않은 것만 못하다. 누구나 '나에게 어울리는 스타일'을 추구해야 한다고 말하면서도, 막상 텔레비전 속 여배우의 모습과 나를 혼동해 관리 방법을 잘못 판단하는 경우가 많다. 퍼스널 컬러에 대한 인식 부족 때문에 한동안 특정 컬러의 립스틱이 모든 여성들에게 인기를 끌었고, 거리에 나가면 셋 중 한 명은 그 립스틱을 바르고 다니는 웃지 못할 상황까지 발생했다. 하지만 그 립스틱을 바른 여배우의 피부색은 평균적인 동양인의 피부색보다 훨씬 더 밝은 핑크빛의 쿨톤(Cool tone)이었고, 그 립스틱 컬러는 피부가 그리 밝지 않은 노란빛의 피부를 가진 보통 사람들에게는 기피 대상 1호였다.

연일 뷰티 프로그램에서는 각종 세안법과 연예인 화장법, 걸그룹 다이어트 비법을 앞다퉈 보도한다. 그런데 한번 생각해보길 바란다. 내가 혹했던 방법 중에 정말로 나에게 도움이 되었거나 단 하나라도 한 달, 아니 일주일 이상 지속적으로 따라 한 것이 있는가? 전문가나 연예인들이 이야기하는 각종 외모 관리 비법을 마치 나에게 꼭 맞는 정답처럼 여기고 받아들이진 않았는가?

나 또한 한때는 여배우들의 다이어트 비법을 열심히 따라 하며 그렇게 되리라는 환상에 젖은 적이 있다. 각종 관련 서적을 사 모았지만 며칠 조금 하는 시늉이나 했을까? 이젠 그것들이 어디에 있는지 찾아보기도 힘들다. 처음 의욕적으로 불타올랐던 마음과 달리 그 방법들을 그대로 지속해서 하기란 현실적으로도 무척 힘들었다.

그래서 나는 이제 '매일 할 수 있는 나만의 운동법'을 익혀 생각이 날 때마다 틈틈이 하려고 노력한다. 스쿼트나 스트레칭은 트레이너와 기구 없이도 내가 움직이기만 하면 바로 시작할 수 있다. 물론 이 정도의 운동으로 여배우와 같은 몸매를 만들 수는 없다. 하지만 작더라도 꾸준한 나의 운동 습관은 조금씩 내 몸을 균형 있고 탄력 있게 만들어주었다. 이 책을 읽는 당신도 맹목적으로 연예인의 관리 비법을 따라 하려 하지 말고, 이미 잘 알고 있고 현실적으로 할 수 있는 나만의 외모 관리 노하우를 찾아 실천해보길 바란다.

지금 나에게 필요한 건 명품 가방이 아니다

한때 C사의 가방이 갖고 싶어 백화점에서 한참을 만져보고 들어보며 특별한 날 나를 위한 선물로 구입해야겠다고 마음먹었던 적이 있다. 그런데 어느 날 내가 왜 그런 비싼 명품 가방을 가지고 싶어 하는 걸까 생각해보니 '난 이 정도는 들 수 있는 사람이야'를 나타내기 위해, 그러니까 누군가에게 무시당하지 않고 존중받고 싶은 마음이 숨어 있었다는 것을 깨달았다. 그런 마음을 이해하고 나니 내가 정말로 원하는 것은 명품 가방이 아닐지도 모르겠다는 생각이 들었다.

경제적인 수준은 생각하지 않은 채 무리를 하면서까지 명품 가방에 집착하는 여성이 많다. 이들은 그 가방이 기능적으로 필요해서 구입하기보다는, 명품이 은연중에 드러내는 '사회적 지위'에 더 큰 의미를 둔다. '나는 이 정도 경제적 수준은 갖춘 여자', '있어 보이는 여자'라는 느낌을 주기 위해 월급의 몇 배에 이르는 명품 가방을 구입한다.

외적인 모습을 보고 상대를 평가하는 일에 익숙한 사람들은 명품 가방을 들 때 자신감이 생긴다고 말한다. 마치 가방 하나가 그 사람의 사회적 능력과 생활 수준을 드러내는 중요한 척도로 여겨지는 듯하다. 그런데 문제는 현실 속 우리의 통장 잔고다. 명품 가방을 몇 개씩 사고도 여유로울 정도의 재력이라면 아무 상관이 없겠지만, 직장 생활을 하며 빠듯하게 살아가는 미혼 여성이나 아기를 키우며 허리띠를

졸라매야 하는 워킹맘에게는 그런 고가의 가방을 사는 일이 꽤 무리일 것이다.

    K양은 '명품 가방 모으기'라는 다소 독특하고 비싼 취미를 즐겼다. 실제로 그녀의 집에는 오래 전부터 구입한 명품 가방이 브랜드별로 '전시'되어 있었다. 그녀는 새로운 가방을 살 때마다 주변 사람들에게 자랑을 늘어놓았는데, "이게 요즘 나온 컬렉션에서 가장 인기 있는 모델이야. 예쁘지?"라며 부러움을 강요하기도 했다.

    그런데 문제는 그녀의 '모습'이었다. 푸석하고 화장기 없는 얼굴, 질끈 묶은 머리, 늘어난 티셔츠를 입은 그녀의 모습은 명품 가방과 전혀 어울리지 않았다. 집에서 막 나온 것 같은 차림새에 신상 명품 가방을 들고 있으니 아무도 그녀의 가방을 진짜라고 생각하지 않았다. 주변 사람들은 큰돈을 들여 명품 가방을 사 모으는 대신, 좀 더 자신의 모습에 애정을 갖고 투자해야 한다고 입을 모았다.

여자에게 있어 명품 가방을 사는 일은 자신의 존재 가치를 높여주고 그동안 고생한 나에게 좋은 선물을 해주는 것 같은 기분을 느끼게 한다. 비루한 현실에서 만난 잠깐의 오아시스랄까? 하지만 기본적인 외모 관리가 전혀 되지 않은 모습으로는 명품을 들어도 도무지 맵시가 나지 않는다. 물론 명품 사는 일을 비하하거나 불필요하다고 주장하는 것은 아니다. 다만 명품을 가짐으로써 외모를 관리해야 하는

'기회비용'까지 희생하고 있는 건 아닌지 혹은 정작 나에게 필요한 관리를 놓치고 있는 건 아닌지 생각해보라는 의미다.

　필라테스 강사이자 피부 미용 전문가로 알려진 샤샤 킴은 한때 통통한 몸매 때문에 콤플렉스가 심했다고 한다. 과거에는 만족스럽지 않은 자신의 모습을 명품 옷으로 커버하려고 했지만, 꾸준한 운동과 식이 요법으로 아름다운 몸매를 만들고 나서는 비싸지 않은 옷을 입어도 명품 옷을 입었던 과거보다 훨씬 더 스타일이 살아남을 느꼈다고 고백했다.

　또 외모를 관리하는 데 있어 어떤 사람들은 "그럴 만한 돈이 없다"고 이야기하는 경우가 종종 있다. 하지만 냉철하게 따져보면, 점심 식사 후 마시는 브랜드 커피를 몇 잔만 줄여도 한 달에 한 번 피부 관리를 받을 수 있고, 습관적으로 먹는 야식이나 주말 술값만 줄여도 두세 달에 한 번은 미용실에 가 기분 좋게 헤어스타일을 바꿀 수 있다.

　외모를 관리하기 위해서는 시간과 돈, 그리고 꾸준한 노력이 필요하다. 그러니 경제적이고 효율적인 관리를 위해 내가 가진 소중한 자원을 어디에 집중할지 면밀히 계획해보길 바란다.

6

지금의
나를 가꿔야
미래의 나도 아름답다

오늘의 내가 가장 젊고 아름답다

'이 프로젝트만 끝나면', '10킬로그램을 빼고 나면', '이번 시험만 끝나면……' 혹시 당신은 시간적 여유가 생기거나 돈을 많이 벌면 원하는 모습으로 변하겠다는 계획을 세우고 있는가? 언젠가 상황이 되면 바뀔 수 있을 거란 생각에 지금의 모습은 포기한 채 살아가고 있진 않은가? 그렇다면 지금 당신의 모습은 당신에게 어떤 의미가 있는가?

매달 진행하는 이미지 코칭 클래스의 마지막 과정은 '함께 쇼핑하기'다. 몇 주 동안의 과정을 마치더라도 혼자 스타일을 바꾸는 일이 쉽지 않기 때문에 그동안 분석했던 내용을 토대로 이미지에 맞는 의상을 골라준다. 대부분 새로운 스타일을 찾고 달라진 모습을 보며 즐거워하지만, 간혹 '살을 빼고 난 후에 옷을 사겠다'며 쇼핑을 기피하는 수강생도 많았다. 왜 그러냐고 물어보니 현재 뚱뚱한 자신에게는 예쁜 옷을 사줄 필요가 없다고 대답했다. 이처럼 지금 자신의 모습에 불만을 갖고 있는 여성들은 '아직은 나를 제대로 꾸밀 단계가 아니야'라고 생각한다. 그들에게 나는 이렇게 이야기해준다.

"지금의 나를 가꾸지 않으면 미래에 아름다워지는 날은 결코 오지 않습니다."

시간의 소중함을 모르는 사람은 없다. 그럼에도 우리는 여전히 현재의 시간을 의미 없이 보내며 달라질 미래를 희망한다. 지금껏 나는 다이어트에 관해서라면 전문가 못지않은 지식을 가지고 있다고 말하면서도, 끊임없이 먹고 운동하지 않는 여성들을 많이 보았다. 그녀들은 한결같이 "아직 준비가 되지 않았어요. 하지만 결심만 세우면 달라질 수 있어요"라며 때를 기다리고 있었다. 수많은 책이 '지금 이 순간의 중요성'을 강조하지만, 정작 현재의 행동을 바꾸지 못하는 사람이 많은 건 왜일까? 외모 관리에 대한 이야기를 하면서 내가 줄곧 마인드를 강조하는 이유는 우리가 결코 외모 관리 방법을 몰라서 나를 방치하는 것이 아니기 때문이다.

밤마다 클렌징도 제대로 하지 않고 잠들던 사람이 하루아침에 화장품 모델과 같은 투명한 피부를 가질 수 있을까? 매일 트레이닝 바지에 늘어난 티셔츠를 입던 여성이 어느 날 갑자기 우아한 원피스를 입었다고 해서 멋진 자태를 뽐낼 수 있을까? 평소에 전혀 책을 읽지 않았던 사람이 갑자기 책 한 권을 읽는다고 해서 현명해지지 않는 것처럼, 현재의 나를 꾸준히 관리하지 않는 사람에게 갑자기 아름다움이 찾아올 리 없다. 나만의 아름다움을 자연스럽게 드러내기 위해서는 언제나 스스로가 아름답다고 생각하는 믿음이 필요하고, 이런 믿음은 지금의 나를 가꾸는 행동과 습관으로 굳건해진다.

우리가 원하는 미래를 만들어갈 시간은 '지금 이 순간'뿐이다. 이 시간은 결코 다시 돌아오지 않는다. 나는 지금껏 얼마나 외모 관리를 미루어왔는가? 나의 아름다움은 얼마나 유보된 채로 머물러 있었는가? 지금의 나보다 더 젊은 날이 오지 않을 거란 건 명백한 사실이다. 결혼을 했으니, 나이가 들었으니, 바쁜 일들이 끝나지 않았으니, 아직 살을 빼지 않았으니 꾸밀 필요가 없다는 말은 이제 그만두자. 10년 후, 아니 5년만 지나도 지금 이 순간의 나를 아름답게 가꾸지 못했던 자신이 어리석고 원망스럽게 느껴질 것이다.

더불어 지금 내 모습이 마음에 들지 않는다고 하여 낙담하지 말길 바란다. 거울 속 내 모습에게 화해의 손길을 내밀어보자. 아무것도 하지 않은 채 언젠가 달라질 내 모습을 상상하는 일도 그만두자. '언젠가', '나중에'라는 말 대신 지금 할 수 있는 노력을 하자.

이 책을 읽는 당신도 더 아름다운 나를 기대하고 있지 않은가? 매일 정신없이 흘러가는 하루하루이지만 누구에게나 나를 돌아보고 가꾸는 시간은 필요하다. 오늘이 내 인생에서 가장 젊고 아름다운 순간이라는 걸 잊지 말아야 한다. 그 사실을 깨닫는다면 오늘 하루가 더욱 소중하고 특별하게 여겨질 것이다.

나이가 들어도 당당한 여자들의 비결

오래 전 함께 회사를 다녔던 한 지인은 결혼 직전까지 다이어트에 열을 올리며 외모 관리에 힘썼지만, 결혼 후 180도 달라진 모습으로 내 앞에 나타났다. 남편과 주말마다 맛집을 찾아다니고 매끼 식사를 외식으로 때우면서 1년 만에 10킬로그램 이상 몸무게가 늘었다고 했다. 메이크업도 거의 하지 않고 펑퍼짐한 옷을 입은 그녀는 더 이상 외모를 가꾸는 일에는 관심이 없다며 결혼 전과는 완전히 다른 모습이 되어 있었다.

결혼을 하고 또 아이를 낳으면 외모를 포기하고 살아도 괜찮은 걸까? 특히 직장 생활을 하지 않는 여성들 중에는 '이제 특별히 잘 보일 사람도 없는데', '애 키우느라 바쁜데'라며 외모 관리에 소홀한 경우가 많다.

사람은 모두 같은 양의 시간을 살아가지만 어떤 마음으로 어떻게 관리하느냐에 따라 몸과 마음이 늙는 속도가 다르다. 나는 컨설팅을 하며 "저는 이제 나이가 많아요"라고 말하는 25살 여성과, "이제야 진짜 나의 리즈 시절이 온 것 같아요"라고 말하는 41살 여성을 만난 적이 있다. 재미있게도 이 둘의 말은 얼굴과 몸에 고스란히 투영되어 나타났다. 나는 그들을 통해 젊음은 나이와 상관없이 눈빛에서 느껴진다는 말을 깨달았다. 나이가 들어도 자신을 사랑하고 꾸준히 관리하는 사람에게서는 긍정적 아우라와 지적인 세련미, 범접할 수 없는 우아함이 느껴진다.

여자가 자신의 외모를 느끼는 감정에 있어 나이는 크게 중요하지 않다. 사회 전반에 걸쳐 '나이 듦'을 부정하고 피하고 싶은 일로 바라보는 시선이 만연해 있지만, 성숙한 사람은 나이가 들어 새로이 얻게 되는 능력이나 안목, 우아함에 만족하고 더 큰 기쁨을 느낀다. 더불어 변해가는 얼굴과 몸을 제대로 파악해 그에 맞는 옷을 입고, 온화하고 부드러운 미소를 유지해 아름다움을 지켜나간다. 언제나 당당한 그녀들은 나이 들어가는 순간을 온전히 만끽하고 더 아름다워지는 과정이라 생각한다. 시간이 흐르는 것을 나이 듦으로 생각할지, 아니면 점점 더 아름답고 성숙해지는 여정으로 생각할지는 나에게 달려 있다.

앞서 말했듯 나는 20대 때 지독하리만큼 외모에 집착했지만 늘 자신감이 없었다. 그러나 결혼을 한 후 30대가 되고 외모에 대해 다른 관점을 갖게 되자 내 모습에 자신감이 생겼고 실제로도 더 예뻐졌다는 이야기를 듣게 되었다. 언제나 '기분 좋은 느낌을 주는 사람'이 되기 위해 노력했기 때문이다. 30대 후반이 지난 지금도 "나의 리즈 시절은 항상 지금 이 순간"이라고 말한다. 나는 20대 때로 돌아가고 싶단 생각을 단 한 번도 해본 적 없을 만큼 지금의 나에게 만족한다. 사실 그때는 풋풋했지만 모든 일에 서툴렀고 마음이 성숙하지도 않았으며 잘 어울리는 스타일에 대해서도 알지 못했다. 오랜 시간 수많은 시행착오를 겪고 나니 나만의 노하우가 생겼고, '어떻게 하면 때와 상황에 맞게 꾸밀 수 있는지'를 정확히 알게 되었다.

당신의 리즈 시절은 언제인가? 지금의 모습에 충분히 만족하는가? 20대를 떠나보낸 사람이라면 돌아올 수 없는 그때를 하염없이 그리워하고 있는가? 30~40대 여성들이 자신의 20대 시절 사진을 SNS에 훈장처럼 올리는 일을 많이 보았는데, 과거에 얼마나 예뻤고 날씬했는지는 지금의 나에게 그리 중요하지 않다고 말해주고 싶다. 시간이 갈수록 얼굴과 몸이 변하는 건 자연의 섭리이지만, 다가올 미래의 모습을 만족스럽게 만드는 건 오직 내 행동과 태도에 달렸다.

육아와 가사에 시달리는 주부들 역시 '오롯이 자신을 위해 시간을 쓰기'가 정말 어렵다. 얼마 전 메이크업 레슨을 통해 만났던 30대 주부는 두꺼운 뿔테 안경을 쓴 평범한 외모의 소유자였다. 결혼 후 아이를 낳고 회사를 그만두면서 전업주부로 산 지 5년이 되었다고 했다. 늘 육아와 집안일로 바쁜 일상을 보내면서 이제는 나를 어떻게 꾸며야 할지 전혀 모르겠다고 말했다. 나는 그녀에게 인상을 부드럽게 만드는 표정 트레이닝과 간단한 외출 메이크업을 전수해주었다. 아주 기본적인 메이크업만 했을 뿐인데 깜짝 놀랄 만큼 예뻐진 그녀는 한 달간의 레슨이 끝날 무렵 미소를 활짝 지으며 이렇게 말했다.

"선생님, 간단한 메이크업이라도 매일 하고 다니니 어딜 가도 자신감이 생겼어요. 사람들이 저를 대하는 태도나 느낌도 이전과 많이 달라졌고요. 확실히 훨씬 더 호의적이고 친절해졌어요. 결혼하고 나를 잃어버린 것 같아 우울할 때가 많았는데, 이제 진짜 나를 찾은 것 같아요."

바쁘다는 핑계로 혹은 나이가 많다는 이유로 자신을 제대로 가꾸지 않는 여성들은 편한 옷을 입고, 화장을 거의 하지 않고, 머리를 질끈 묶은 채 살아간다. 하지만 그렇게 하루하루 바쁜 일상을 치열하게 살아도, 나 자신에게 내가 매력적으로 느껴지지 않는다면 삶을 만족스럽게 꾸려나갈 수 없다. 무엇보다 다른 사람에게 나의 매력을 어필하기가 어려운 것은 물론 내가 지닌 멋진 내면까지도 제대로 드러내기가 어렵다. 자신에게 만족하는 사람에게서는 늘 기분 좋은 에너지가 느껴진다. 나를 위해, 그리고 가족과 주변 사람들을 위해 외모의 개선이 필요한 이유가 바로 이것이다.

보다 적극적인 외모의 변화를 원한다면 셀프 메이크오버 프로젝트를 계획해보자. 현재 내 모습을 정직하게 사진으로 찍어두고, 비포 (Before)로써 활용해보는 것이다. 앞서 정리한 외모 관리 습관을 매일 지키면서 일주일 단위로 변화하는 내 모습을 찍은 후 비교해보면, 점점 더 리즈에 가까워지는 나를 발견하게 될 것이다.

지금부터 다가오는 하루하루가 나의 미래를 만든다. 내게 주어진 것들에 대해 매순간 감사함을 느끼고 늘 보기 좋은 모습으로 나를 가꾼다면, 결혼의 여부나 나이에 관계없이 항상 매력적이고 아름다운 여자로 살아갈 수 있을 것이다. 나의 빛나는 리즈 시절은 이제부터 시작이다.

인간이 평생을 바쳐 완성하고 미화해야 하는
여러 작품 중에서 가장 중요한 것은
분명히 인간 그 자신이다.

-영국의 철학자 존 스튜어트 밀(John Stuart Mill)

Lifestyle

CHAPTER
4

자존감을
채우는
여자의 습관

66

단순히 화장을 잘하고 옷을 잘 입는다고 하여 아름다워지는 않는다. 궁극적으로 내면에 자존감을 채우고 건강한 생활 습관을 가져야만 현재도, 그리고 앞으로도 계속 아름다움을 유지할 수 있다.

99

1

잘못된
습관이
외모를 망친다

습관은 나를 배신하지 않는다

사람은 저마다 다른 생활 습관을 가지고 있다. 운동을 생활의 일
부로 삼아 하루도 빠짐없이 열심히 하는 사람이 있는가 하면, 숨쉬기
외에는 운동을 전혀 하지 않는 사람도 있다. 하루 수면 시간이 5시간
이하인 사람도 있고, 반드시 8시간을 이상 자야만 하는 사람도 있다.
패스트푸드나 편의점 음식으로 식사를 대충 허겁지겁 때우는 사람이
있는 반면, 매일 아침 일찍 일어나 건강한 샐러드와 과일 주스를 챙겨
먹는 사람도 있다.

누구나 아름다워지기 위해 가장 빠르고 효과적인 솔루션을 알고 싶어 하지만, 사실 외모를 변화시키는 방법들은 너무나 단순하고 일상적이어서 간과하고 지나치기가 쉽다. 나는 직업이 이미지 컨설턴트인 만큼 수없이 많은 외모 관리 정보를 알고 있지만, 그럼에도 반드시 지키는 관리법은 그다지 특별하지 않다. 먼저 아침에 일어나 5~10분 정도 짧게 스트레칭을 한다. 일주일에 서너 번은 일을 마치고 돌아와 집 앞 산책로를 한 시간 가량 걷는다. 샤워를 하면 보디로션을 꼭 챙겨 바르고, 세안 후에는 스킨과 수분크림을 발라 피부가 건조해지지 않게 막는다. 외출을 할 때엔 반드시 자외선 차단제를 바르고, BB크림이나 쿠션 파운데이션으로 피부를 보정한 뒤 눈썹을 그리고 립스틱을 바른다. 거기에 그날의 일정에 맞는 옷을 입고 어울리는 액세서리를 착용한다. 아마도 여기까지는 많은 여성들이 알고 실천하는 관리법일 거라 생각한다. 다만 나는 여기에 남다른 비법을 더하는데, '혼자 있는 시간에도 입꼬리 올리기'와 '배에 힘을 주고 허리를 곧게 세워 앉기'가 바로 그것이다.

40대 중반의 여성 사업가 P씨는 실제 나이보다 열 살 이상 들어 보인다는 이야기를 자주 들었다며, 나에게 메이크업과 스타일 코칭을 요청했다. 그런데 막상 그녀를 만나보니 가장 시급한 문제는 이목구비가 아니라 구부정한 등과 목이었다. 젊은 시절부터 책상 앞에 앉아 바르지 않은 자세로 오랜 시간 일을 해왔던 탓에 평상시 서 있는 자세까지 노인처럼 굽어버리고 말았던 것이다. 전신 거울을 통해 자신의 자세를 확인한 그녀는 지금껏 이렇게 다녔는지 꿈에도 몰랐다며 당혹감을 감추지 못했다.

이처럼 우리의 외모를 망치는 습관들은 너무나 사소해서 전혀 인지하지 못하고 지속될 가능성이 크다. 잦은 야근으로 매일 새벽에 잠들고 아침을 거르기 일쑤였던 마케터 J씨는 다크써클이 심해져 시술을 고민한다고 전했다. 늘 구부정한 자세로 모니터를 바라보며 일했던 프로그래머 C씨는 척추가 휘면서 얼굴형이 틀어졌다며 교정센터를 알아보고 있다. 내가 최근 깨달은 사실 중 하나는 대부분의 사람이 정말로 심각한 상황이 되어서야 자신의 문제를 어렴풋이 알게 된다는 것이다. 젊은 나이에 일찍 노화가 찾아오거나 외모가 망가진 사람들에게는 오랜 시간 자신에게 관심을 가지지 않고, 외모를 해치는 습관을 간과하면서 하루하루를 보냈다는 공통점이 있었다. 그럼 이쯤에서 외모를 망치는 사소한 습관이 무엇인지 하나씩 짚어보자.

♪ 텔레비전을 볼 때마다 과자 먹기
… **자신도 모르는 새에 한 끼 식사 이상의 칼로리를 섭취한다.**

♪ 밤마다 습관적으로 야식 먹기
… **야식증후군에 빠져 비만과 소화기 장애에 시달린다.**

♪ 베개에 얼굴을 파묻고 엎드려 자기
… **피부 탄력이 떨어지고 주름이 생긴다.**

ℱ 물 대신 탄산음료와 커피 마시기
… 과다한 칼로리 섭취는 물론 수분 부족 현상이 발생한다.

ℱ 뾰루지가 올라올 때마다 손으로 짜기
… 2차 감염으로 피부 염증이 심해지며 흉터 자국이 오래 남는다.

ℱ 자외선 차단제를 바르지 않고 외출하기
… 언제 생겼는지 알 수 없는 잡티들로 얼굴이 뒤덮인다.

ℱ 서 있을 때 배를 내밀거나 구부정하게 앉기
… 허리가 휘고 나이 들어 보이게 한다.

ℱ 늘 헐렁하고 편한 옷만 골라 입기
… 몸에 긴장감이 사라진다.

ℱ 이마나 미간을 찡그리며 말하기
… 표정 주름의 원인이 된다.

ℱ 오랜 시간 굳은 표정으로 일하기
… 피부 탄력이 떨어지고 어두운 인상을 남긴다.

Think!

외모를 위해 반드시 개선해야 할 습관은 무엇인가?

지금껏 내 외모를 망치고 있던 일상 속 사소한 습관을 적어보세요

나는 아름다워지기를 바라는 여성들이 잘못된 습관은 고치지 않은 채 요즘 유행한다는 연예인들의 화장법이나 옷차림에 관심을 가지는 행태가 잘 이해되지 않는다. 일상 속 사소한 습관만 고쳐도 분명 외모는 보기 좋게 변화한다.

사실 큰 비용이나 많은 시간을 들이지 않아도 외모를 아름답게 가꾸는 방법은 많다. 건조한 피부가 고민이라면 고가의 화장품을 꼼꼼히 따지고 피부과에 가 상담을 받기 전에 매일 밤 1000원짜리 시트 마스크를 붙임으로써 셀프 관리를 시작할 수 있다. 좀처럼 메이크업을 하지 않는다면 BB크림으로 간단하게 피부 보정을 한 뒤 눈썹만 살짝 그려도 인상이 확 달라진다. 늘 기운 없고 아파 보인다는 말을 자주 듣는다면 얼굴빛에 어울리는 블러셔를 살짝 발라보자. 자꾸만 배가 나와 고민이라면 지금 당장 식사량을 절반, 아니 3분의 1만이라도 줄여보자. 날씬하고 건강한 몸매를 만들기 위해 큰돈 들여 헬스장에 등록하는 대신 집 근처 산책로를 걷는 일부터 시작해보자. 성형 수술로 이목구비를 고치기보다 매일 거울 앞에서 밝은 표정을 연습하는 일이 무뚝뚝한 인상을 보기 좋게 바꾸는 지름길이다.

아주 사소한 행동과 습관이 모여 나의 외모를 결정한다. 실제로 나에게 컨설팅을 받고 외모를 변화시킨 사람들은 이렇게 고백했다.

"좋은 인상을 갖기 위해 지금도 거울을 볼 때마다 입꼬리 올리는 연습을 해요. 확실히 주변 사람들로부터 기분 좋은 일이 있냐는 말을 자주 들어요. 덩달아 컨디션도 좋아지는 느낌이 듭니다."

"이전에는 정말 세수만 하고 회사에 다녔어요. 그런데 이제는 집 앞 슈퍼에 나갈 때도 피부와 눈썹 화장은 꼭 합니다. 사람들과 눈을 마주치고 대화하기 어려웠는데 지금은 더 당당해진 느낌이에요."

"컴퓨터 앞에 오래 앉아 있다 보면 나도 모르게 배를 내밀고 고개를 앞으로 쭉 뺐는데, 지금은 의식적으로 허리를 곧게 폅니다. 걸을 때도 마찬가지고요. 더 날씬해 보이는 건 물론이고 허리 통증도 많이 사라졌어요."

"저녁만 되면 남편과 함께 텔레비전을 보며 야식을 시켜 먹었어요. 그런데 지금은 먹지 않으려고 노력합니다. 정 배가 고프면 플레인 요거트나 견과류를 조금 먹어요. 물도 수시로 마시고요. 아랫배가 항상 부풀어 있었는데 지금은 속도 편안하고 날씬해졌다는 이야기를 많이 듣습니다."

노력과 습관은 결코 나를 배신하지 않는다. 이는 외모 관리에 있어서도 마찬가지다. 밤마다 맥주와 치킨을 친구 삼는다면 얼마 지나지 않아 배와 옆구리에 넘치는 살이 나를 반겨주겠지만, 오늘부터 수시로

팔 운동을 한다면 출렁거리는 팔뚝 살이 조금은 단단해질 것이다.

지금 거울에 비친 나의 모습은 그간 내가 해왔던 사소한 습관의 결과물이다. 지금까지 그랬듯 앞으로의 모습 또한 온전히 나 자신에게 달려 있음을 명심하길 바란다.

Think!

오늘부터 실천할 수 있는 외모 관리 습관은 무엇인가?

내 몸과 얼굴에서 개선해야 할 부분이 어디인지를 생각해보세요. 더 나은 모습으로 변화하기 위해 지금 당장 시작할 수 있는 습관이 무엇인지를 적어보세요.

_____

_____

_____

_____

_____

외모 관리는 내 삶에 대한 존중이다

　그동안 많은 여성들을 컨설팅하며 그들의 삶을 통해 알게 된 사실이 있다. '외모 관리는 자신의 삶을 존중하는 사람만이 지속할 수 있는 행위다!' 단순히 화장을 잘하고 옷을 잘 입는다고 하여 아름다워지지는 않는다. 궁극적으로 내면에 자존감을 채우고 건강한 생활 습관을 가져야만 현재도 그리고 앞으로도 계속 아름다움을 유지할 수 있다.

　그녀들은 모두 자신의 외모를 관리함으로써 더 활기찬 생활을 할 수 있었고, 새로운 일에 도전하게 되었으며, 사람들과의 관계에서도 더욱 적극적이고 긍정적인 태도를 가지게 되었다고 고백했다. 삶에 대해 아무런 희망이나 소망이 없다면 자신의 외모를 가꾸는 데에도 소홀할 수밖에 없다. 이 책을 읽는 당신도 '내 삶을 진심으로 존중하는지', 그래서 '적극적으로 나를 아끼고 가꾸기 위해 노력했는지'를 한 번쯤 생각해보길 바란다. 더불어 앞으로 외모 관리는 온전히 나를 위한 선택이며, 내가 나를 존중하는 가장 확실한 방법이라는 사실을 마음속에 새기길 바란다.

2

매일 실천하는
외모 관리 습관
A to Z

[1-Mind] 나를 긍정하는 마음이 먼저다

마음에 품은 생각은 전반적인 자기 관리에 영향을 미친다. 표정과 자세는 물론이고 식습관과 행동까지 '마음'이 결정하기 때문이다. 어두운 마음으로는 긍정적인 생각을 떠올릴 수 없고, 스스로 자신의 아름다움을 발견하기도 어렵다. 그래서 마음이 변하면 자연스럽게 외모에도 변화가 찾아온다. 마음속에 우울함과 자괴감이 가득 차 있으면 표정이나 행동에 다 드러나게 마련이다. 아름다운 사람이 되고 싶다면 먼저 마음부터 정화해야 하는 이유가 바로 여기에 있다.

우리는 알게 모르게 매일 스스로에게 최면을 걸며 살아간다. 그동 안 당신은 자신에게 어떤 최면을 걸어왔는가? '난 너무 뚱뚱해', '피부 가 왜 이 모양이야', '머리가 아주 엉망이네'와 같은 온갖 부정적인 말 들은 분명 내 마음과 외모에 악영향을 미쳤을 가능성이 높다. 이제 쓸 데없이 자신을 비하하거나 헐뜯는 최면은 그만두자. 종일 잔소리를 듣 는다고 해서 공부를 열심히 하지 않는 것처럼, 자신을 향한 부정적인 말들은 나를 사랑하고 가꾸는 데에 아무런 도움이 되지 않는다. 이제 시시각각 아름답고 기분이 좋아지는 말들을 마음속으로 되뇌어보자.

♪ 매일 나를 더 아름답게 만드는 자기 최면

··· 나는 소중한 사람이다.
··· 나는 나를 사랑한다.
··· 나는 아름다운 사람이다.

마음속에서 이루어지는 긍정의 셀프 토크는 상상 이상으로 큰 힘 을 발휘한다. 오늘보다 내일 더 아름다워질 수 있다고 믿어보자. 변화 는 나에 대한 기대로부터 시작된다.

다음은 일상 속에서 할 수 있는 마음 정화 활동들이다.

∞ 거울 테라피

거울을 볼 때마다 내 모습을 다정하게 들여다보고 미소를 지어보자. 거울에 비친 나를 얼마나 사랑하고 있는지 이야기해주는 것도 중요하다. "오늘 눈동자가 더 빛나는 걸!", "목선이 아름다워!", "코가 참 귀엽고 예쁘네!"라는 식으로 말이다.

평소에 거울을 자주 보아도 이런 생각을 하는 사람은 드물다. 많은 여성들이 거울을 볼 때 단점을 찾기에 급급한데, 반대로 나에게 칭찬을 해주면 지금껏 발견하지 못한 외모의 장점을 찾을 수 있다. 자연스럽게 자신감이 상승하는 건 물론이고 외모의 장점을 부각시키는 메이크업과 스타일링을 하는 데에도 도움이 된다.

실제로 나에게 컨설팅을 받았던 많은 여성들이 거울 테라피를 통해 외모 콤플렉스에서 벗어났다. 자신의 모습을 향해 달콤한 사랑의 메시지를 속삭여보자. 누군가에게 사랑을 받으면 저절로 아름다워지는 것처럼, 나에게 사랑받는 나 역시 더욱 아름다워질테니 말이다.

∞ 독서 테라피

좋은 책은 우리의 내면을 매력적이고 성숙하게 만든다. 고대 그리스 테베의 도서관 입구에는 "영혼을 치유하는 장소"라는 글이 새겨져 있다. 독서 치료라 불리는 이른바 '비블리오테라피'는 책을 읽음으로써 나의 내면을 마주하고 타인의 생각을 이해할 수 있다는 의미다.

나는 다른 사람의 행동이 이해되지 않을 때마다 혹은 우울하고 힘들었던 순간마다 책을 통해 깊은 위로를 받았다. 독서는 세파에 찌든 마음을 정화하는 최고의 수단이자 가장 효과적인 치료다. 무엇보다도 아름답게 살아가기 위해서는 외적 아름다움뿐만 아니라 지성이나 배려, 포용과 같은 내적 매력 역시 꼭 필요하다.

나이가 들어도 아름다움을 유지하는 프랑스 여자들은 상당한 독서량을 자랑하기로도 유명하다. 독서를 통해 지적 아름다움을 채우고, 철학이나 정치에도 깊은 조예를 보이며, 활발하게 사회 활동을 펼친다. 어릴 적부터 열심히 책을 읽고 사람들과 토론하며 자신의 관심 분야를 넓혀가는 프랑스 여자들이 나이를 불문하고 매력적으로 보이는 것은 당연하다.

나 또한 독서 토론 모임을 운영하며 한 달에 한 번씩 사람들과 즐겁게 소통하는 시간을 갖고 있다. 이전과 달리 내면이 더 풍요로워졌고, 함께 모이는 여성 회원들과 점점 더 아름다워지는 기분을 느끼고 있다.

∞ 젊음 테라피

많은 사람들이 무의식적으로 '아름다움=젊음'이라고 생각한다. 지금 당신은 자신의 나이를 어떻게 느끼고 있는가? 스스로 젊다고 생각하는가, 아니면 꽤 나이가 들었다고 생각하는가? 그렇다면 당신이 생각하는 '젊은 나이'란 대체 몇 살까지이며, '많다고 느끼는 나이'는 몇 살부터인가?

특정한 나이를 젊다고 규정해버리면 실제로 당신은 그 나이가 지나는 순간부터 늙기 시작할 것이다. 만약 30살까지를 젊은 나이라 생각한다면 31살이 되는 순간 늙었다는 무기력에 빠질 것이 자명하다. 사실 나이에 대한 편견은 나 자신이 더 이상 어떤 시도도 하지 못하게 하는 '족쇄'로 작용할 가능성이 크다. 충분히 젊은 나이임에도 '나는 나이가 들었어'라고 생각하면 현재 주어진 상황을 발전적인 방향으로 이끌어가기가 어렵다. 부족한 공부를 하고, 더 나은 직장으로 옮기고, 마음에 드는 옷을 입고, 새로운 사람을 만나는 일 모두 '나이'라는 족쇄에 걸리면 시도하기가 꺼려지게 마련이다.

나이에 구애받지 않기 위해서는 먼저 내가 타인을 나이로 판단하는 잣대부터 버려야 한다. 누군가를 젊다 혹은 늙었다고 판단하다 보면 그 기준이 나에게도 적용되어버린다. 누군가를 만나 나이부터 묻기보다는 관심사가 무엇인지, 어떤 일에 행복을 느끼는지를 묻는다면 편견 없이 관계를 이어나갈 수 있다.

지금 나는 나이가 많다고 생각하는가? 나이가 들었다고 맥없이 기회를 포기해버리진 않았는가? 분명한 건 이렇게 생각하는 지금 이 순간이 바로 내 인생에서 가장 젊은 날이라는 사실이다. 그러니 가장 젊은 내 모습을 아낌없이 사랑하라. 3개월 후, 6개월 후, 1년 후 더욱 아름다워질 내 모습을 상상하고, 변화를 위한 활동을 계획해야 한다. 지금부터 조금씩 외모가 좋아지는 일들을 시작하면 분명 인생 시계가 거꾸로 가는 경험도 할 수 있을 것이다.

이제 주민등록상의 나이는 잊어버리자. 대신 정신과 신체 나이를 관리하자. 삶에 대한 열정과 호기심으로 충만한 사람들은 나이와 상관없이 눈빛부터 젊고 아름답다.

∞ 감사 테라피

누구에게나 하루를 정리하고 자신의 마음과 마주하는 시간이 필요하다. 바쁘고 피곤하다는 이유로 매일 밤 쓰러져 자는 사람들은 아침도 상쾌하지 못하고 괴로운 일상을 보낼 수밖에 없다. 잠들기 전 5분만이라도 하루에 있었던 일과 나의 행동에 대해 되돌아보는 시간을 가져보자. 감사 일기를 쓰며 오늘 있었던 기분 좋은 일과 만남을 떠올려도 좋고, 어떤 점을 개선해야 하는지 생각해봐도 좋다. 매일 나를 돌아보는 자기 성찰의 시간을 가지면 내면과 삶을 정화할 수 있다.

외모 콤플렉스로 나를 찾아왔던 여성들은 모두 자신과 주변 상황에 대해 불만이 가득했다. 나만의 장점과 나를 둘러싼 소중한 것들의 의미를 모르면 부족한 점에만 집중하게 되고 불만만 쌓일 수밖에 없다. 이런 사람들에게 매일 감사 일기를 쓰게 했더니 하루하루 긍정 에너지를 얻는 것은 물론, 부정적인 감정들이 점차 사라지면서 내면의 상처가 치유되었다는 고백을 들었다.

∞ 셀프 힐링 테라피

살다보면 누구에게나 원치 않는 상황이 닥치게 마련이다. 오랜 시간 준비해온 프로젝트가 무산되기도 하고, 각종 오해와 루머에 휩싸일 수도 있으며, 피하고 싶은 사람들에게 둘러싸여 일주일을 보내야 할 때도 있다.

이럴 때 자신의 기분을 전환하는 활동을 모르면 축적되는 스트레스에 시달리며 우울함을 직격으로 맞이하게 된다. 나를 가장 기분 좋게 만드는 사람은 그 누구도 아닌 '나 자신'이어야 한다. 기분이 좋아지는 일이 무엇인지를 구체적으로 생각해보고, 나만의 셀프 힐링 테라피 목록을 최소 열 가지 이상 만들어보자. 기분이 좋은 사람은 아름답게 보이며 기분이 좋아야만 스스로를 더 아름답게 여길 수 있다.

Think!

나를 기분 좋게 만드는 활동은 무엇인가?

(ex. 좋은 음악 듣기, 전시회에서 그림 감상하기, 휴가 계획 세우기, 꽃시장 가기, 예쁜 속옷 사기 등)

_____

_____

_____

_____

185

[2-Attitude] 볼수록 매력 있는 여자는 태도가 다르다

애티튜드란 몸의 자세나 태도, 행동거지를 뜻하는 말로 사전적 정의는 '어떤 대상에 대한 자기의 생각이나 감정을 나타내는 외적 표현'이다. 즉, 한 사람의 사고방식이나 인성까지를 모두 포함하는 말이다. 인성 교육에 대해 사회적으로도 중요성을 강조하는 만큼 사람에게는 외적 매력 못지않게 내적 매력도 꼭 필요하다. 외모가 아무리 뛰어나도 타인을 대하는 매너가 좋지 않다면 그 사람의 멋진 외모는 도리어 마이너스로 작용할 가능성이 크다.

유행하는 메이크업이나 헤어스타일에는 엄청난 관심을 보이면서도 정작 애티튜드에 대해서는 무관심한 여성이 많다. 머리부터 발끝까지 흠잡을 데 없는 차림을 하고는 아무렇지도 않게 길에 쓰레기를 버리거나 큰소리로 욕을 한다면 어떻게 느껴질까? 아름다운 태도와 행동이 수반되어야만 진정으로 아름다워질 수 있는 법이다. 그렇다면 매력적인 애티튜드란 과연 무엇일까? 프랑스 여성들이 정의하는 멋진 애티튜드를 보면 이해에 도움이 된다.

"생기 넘치고, 사람을 배려할 줄 알고, 호기심이 많고, 교양 있고, 쾌활하고, 솔직하고, 친절하며, 재미있고, 지적이다. 흠잡을 데 없는 매너를 지녔으며, 다른 사람을 중요시하고, 흥미롭고, 가치 있는 사람으로 느끼게 하는 법을 안다. 적절한 질문을 던지고 상대방의 말을 귀담아 듣는다."(『훔쳐보고 싶은 프랑스 여자들의 서랍』 중에서)

∞ 성형보다 강력한 표정의 기적

"사람의 얼굴은 하나의 풍경이며 한 권의 책이다. 얼굴은 결코 거짓말을 하지 않는다."

19세기 프랑스 소설가 발자크(Honore de Balzac)는 '얼굴'에 대해 이런 말을 남겼다. 즉, 얼굴은 매우 정직한 생활기록부 같아서 그동안 우리가 어떤 삶을 살아왔는지 그대로 반영해 보여준다. 나는 직업상 얼굴과 표정에 관심이 많아 길거리를 걸어 다닐 때마다 행인의 얼굴을 유심히 관찰한다. 그런데 종종 눈길을 사로잡는 멋진 이목구비를 가진 사람에게서 어두운 표정을 보면 안타까움을 느낀다. 아무리 외모가 뛰어나도 기분 좋은 아름다움이 느껴지지 않기 때문이다. 표정이 중요하다는 사실을 모르는 사람은 없지만, 정작 보기 좋은 표정을 지닌 사람은 정말로 드물다.

강의나 컨설팅에서 만난 수강생들은 대부분 표정이 딱딱하게 굳어 있었다. 이미지 컨설팅을 하면 제일 먼저 얼굴 정면을 사진으로 찍어 보여주는데, 모두가 깜짝 놀라며 이런 어두운 표정을 짓고 있는줄 전혀 몰랐다고 말한다. 그리고는 내면이 마치 거울에 비치듯 얼굴에 그대로 드러난다며 무척 당황해했다.

좋은 이미지를 갖고 싶어 하는 사람들에게 내가 늘 해주는 이야기가 있다. "누군가에게 매력적으로 보이고 싶다면 당신의 이목구비가 어떻게 생겼는지 모를 정도로 환하게 웃어주세요. 그러면 그 사람은 당신의 이목구비가 아닌 환한 미소만 기억할 것입니다." 사실 표정은 이목구비와 달리 돈을 들이지 않아도 마음만 먹으면 즉각적으로 변화시킬 수 있다. 하지만 의식하지 않고도 언제나 좋은 표정을 짓기 위해서는 상당한 시간과 노력이 필요하다. 간혹 어떤 이들은 굳이 즐거운 일이 없는데도 밝은 표정을 지어야 하냐고 반문하지만, 나는 그럴수록 더 밝고 건강한 표정을 지어야 한다고 생각한다. 미국 최고의 심리학자 폴 에크먼(Paul Ekman)이 쓴 『얼굴의 심리학』에는 "우리가 원하는 표정을 흉내 내면 그것과 일치하는 감정을 실제로 느낄 수 있다"는 말이 나온다. 특정한 감정과 관련 있는 신경 회로와 얼굴 근육이 긴밀하게 연결되어 있어서 억지로 미소를 짓더라도 실제로 그러한 기분을 느낄 수 있다는 의미다. 또한 위클리닉을 운영하는 조애경 원장은 저서 『깐깐 닥터 조애경의 W뷰티』에서 "표정 변화가 적은 사람일수록 얼굴 근육을 잘 사용하지 않기 때문에 피부 탄력이 떨어지고 노화가 더 앞당겨질 수 있다"고 말했다. 내가 지금 짓고 있는 표정이 차곡차곡 쌓여 나의 얼굴 이미지를 만들고, 웃는 순간 발생하는 엔도르핀과 행복을 느낄 때 분비되는 도파민이 기분뿐만 아니라 피부까지도 밝게 한다.

표정도 결국 습관이다. 의식적으로 밝고 환한 표정을 짓도록 노력해야 한다. 아름다워지기를 원한다면 지금 당장 거울 속 나에게 다정한 미소를 지어보자. 나를 만나는 사람들을 위해 부드러운 표정을 지어보자. 미소의 아름다움이 내 얼굴을 활짝 꽃피게 만들 것이다.

Action! ─────────────────────────

밝고 아름다운 표정 짓기

밝은 표정은 호감 가는 인상을 만들기 위한 첫 번째 조건입니다. 하루에 한 번씩 아래 5단계 표정 짓기를 연습해보세요.

<u>1단계</u> 눈을 감고 크게 심호흡을 하면서 마음의 긴장을 푼다.

<u>2단계</u> 내가 원하는 이상적인 모습을 상상한 뒤
　　　　 지금 그 모습이 되었다고 생각한다.

<u>3단계</u> 상상 속으로 사람들을 바라보며 입꼬리를 올려 미소 짓는다.

<u>4단계</u> 눈을 뜨고 거울을 보며 마음에 드는 미소와 표정을 짓는다.

<u>5단계</u> 가장 마음에 드는 밝은 표정을 짓고 셀카를 찍는다.

∞ 곧은 자세에서 비롯되는 우아함

표정만큼이나 중요한 것이 바로 '자세'다. 자세가 구부정하면 어딘가 모르게 위축되어 보이고, 반대로 자세가 바르면 자신감 있고 당당하게 보이는 것은 물론 우아하고 고급스러운 이미지까지 풍길 수 있다. 먼저 거울 앞에 서서 내 모습을 관찰해보자. 고개는 한쪽으로 기울지 않았는지, 양쪽 어깨는 수평을 이루고 있는지, 등은 구부정하게 말리지 않았는지, 턱은 앞으로 쭉 나오지 않았는지를 하나하나 점검해보아야 한다. 표정과 마찬가지로 자세 역시 현재의 심리 상태를 반영한다. 확신이 없을 땐 고개가 한쪽으로 기울어지고, 기운이 빠지면 어깨가 축 처진다. 그래서 자세만으로도 내면을 짐작할 수 있다.

바른 자세를 이야기할 때 대부분 허리를 곧게 세우고 어깨를 활짝 편 모습이라 말하지만, 사실 그런 자세를 기억하고 계속 유지하기란 쉽지 않다. 이럴 때 배에 살짝 힘을 주고 가슴을 내밀면 보다 쉽게 바른 자세를 유지할 수 있다. 마치 오프숄더 드레스를 입은 여배우처럼 가슴 위쪽을 자신 있게 앞으로 내민다고 생각하면 된다.

어떤 체형이든 바른 자세를 유지하면 더 멋지고 우아하게 보인다. 또 건강에 도움이 되는 것은 물론 날씬해보이며 훨씬 더 젊어 보이는 효과까지 누릴 수 있다.

Action!

바른 자세 유지하기

허리를 곧게 세운 자세는 우아하고 당당한 느낌을 줍니다. 누가 보지 않아도 언제 어디서나 아래 네 가지 자세를 유지해보세요.

01 턱을 당기고 고개는 똑바로 세운다. (천장이 정수리를 당기는 느낌으로)

02 어깨를 자연스럽게 내리고 가슴을 활짝 편다.

03 배를 집어넣고 허리를 세워 등을 곧게 만든다.

04 주목 받고 있는 아름다운 자신의 모습을 상상한다.

∞ 다른 사람을 기분 좋게 하는 활동하기

최근 당신은 주변 사람들을 기쁘게 해주었던 적이 있는가? 다양한 사연을 지닌 사람들을 만나면서 누구에게나 위로와 사랑이 절실히 필요하다는 것을 느낄 때가 많다. 당신이 지금 누군가를 위해 해줄 수 있는 일들이 무엇인지 생각해보자. 그리고 실천해보자. 아침에 먼저 인사를 건네거나 모닝 커피를 가져다주는 아주 작은 배려여도 좋다. 배려하는 마음이 담긴 행동은 분명 아름답게 느껴진다. 다른 사람을 기분 좋게 하면 나의 내면 또한 더욱 아름답고 풍요로워질 것이다.

만약 늘 자신이 부족하다고만 생각했던 사람이라면 단 한 번이라도 봉사활동을 경험해보면 좋겠다. 지역 복지센터나 인근 교회, 또는 SNS 봉사 그룹에 등록하면 누구나 봉사활동에 참여할 수 있다. 자발적으로 봉사를 하는 사람들은 모두 자신의 행동이 다른 사람들에게 도움을 줄 때 더 큰 기쁨을 얻는다고 말한다.

[3-Food] 내가 먹는 음식이 나를 만든다

대학 시절 식품영양학을 전공했음에도 불구하고 20대 때의 나는 먹는 것에 대해 크게 중요하단 생각을 하지 않았다. 머리로는 내 몸에 필요한 영양소가 무엇인지에 대해 잘 알고 있었지만, 정작 건강한 식습관은 실천하지 못했다. 최근 내가 만난 여성들을 보더라도 비싼 화장품을 바르고 미용실에 가 정기적으로 머리를 손질하지만, 하나같이 먹는 것에는 무척 소홀한 경우가 많았다.

예쁘고 건강한 사람을 말할 때 우리는 대체로 외적인 모습을 떠올린다. 하지만 건강한 신체와 마음이 따르지 않는 아름다움은 무의미한 허상에 불과하다. 내가 먹는 모든 음식이 곧 나를 만든다는 사실을 기억하고, 먹는 것 하나하나에 관심을 기울여야 할 때다.

∞ 충분히 물 마시기

매일 1.5~2리터 정도 물을 마시면 건강을 유지하고 날씬한 몸매를 갖는 데 도움이 된다. 체내 노폐물을 배출시키고, 음식물이 에너지로 전환되는 것을 도우며, 허기를 줄여주고 포만감을 느끼게 한다. 또 2리터 가량 물을 마시면 신진대사가 활발해져 250칼로리를 추가로 연소하게 된다. 물론 건강하고 촉촉한 피부는 덤으로 따라온다.

매일 아침 일어나 한두 잔의 물을 마시고, 매끼 식사 한 시간 전과 후에 추가로 물을 마시길 추천한다(음식을 먹는 중에 물을 마시면 소화액이 희

석되어 소화 기능이 약해질 수 있다). 운동을 한다면 최소 30분 전에 물을 마시는 것이 에너지 대사에 효과적이다. 누구나 물을 마시는 게 좋다는 걸 잘 알고 있지만 꾸준히 실천하는 사람은 많지 않다. 물 마실 타이밍을 자주 놓친다면 '물 마시기 알림 앱'의 도움을 받아보자. 물만 마셔도 아름다워지는데 노력하지 않을 이유가 전혀 없다.

∞ 매끼 건강한 음식 먹기

사회초년생 K양은 예쁜 이목구비에도 불구하고 안색이 그리 좋지 않았다. 컨설팅을 받으러 온 어느 날, 유독 피부가 까칠해 보여 무슨 일이 있었냐고 묻자 생리통이 너무 심해 회사까지 결근했다고 대답했다. 혹시나 하는 마음에 평상시 어떤 음식을 먹고 다니느냐고 물어보니, 역시나 짐작대로 인스턴트 음식을 자주 먹고 채소나 과일은 거의 먹지 않는다고 말했다. 게다가 저체중이었음에도 다이어트를 위해 종종 식사를 거른다고 했다. 나는 그녀에게 단도직입적으로 물었다.

"얼굴도 예쁘고 몸매도 날씬한데 몸속이 잔뜩 병들어 있다면 정말로 아름답다고 생각되나요? 정말 그런 사람이 되길 원하나요?"

나는 그녀에게 옷을 사거나 헤어스타일을 바꾸기 전에 반드시 교정해야 할 이미지 솔루션을 처방해주었다. "가급적 신선하고 영양가 높은 음식을 즐거운 마음으로 먹을 것!"

미국의 유명 이미지 컨설턴트 다이언 아이언즈(Diane Irons)는 우리가 먹는 음식이 곧 피부가 된다며, "피부에 붙이고 싶을 만큼 신선하고 건강한 음식을 먹어야 한다"고 말했다. 오늘 내가 먹은 음식들을 하나씩 떠올려보길 바란다. 그리고 그 음식들을 얼굴에 붙일 수 있는지 생각해보자. 신선한 과일과 기름에 튀긴 과자, 어느 쪽이 나를 더 아름답게 만드는 음식일까? 매끼 건강하고 신선한 음식을 먹는다면 다이어트의 굴레에서도 벗어날 수 있을 것이다.

[4-Body Line] 몸매는 스타일의 원천이다

타고난 이목구비는 성형 수술을 하지 않고서는 바꿀 수 없다. 하지만 몸매는 다르다. 꾸준히 노력하면 훨씬 더 보기 좋게 변화시킬 수 있다. 물론 인정한다. 모델만큼 길고 늘씬한 라인은 어느 정도 타고나야 한다는 것을. 하지만 모두가 모델 같은 체형을 만들 필요는 없다. 지나치게 이상적인 몸매를 목표로 잡으면 오히려 정신 건강에 해롭다. 이상과 현실의 괴리가 크면 현재의 모습에 쉽게 좌절하고 실망하는 것은 물론, 관리하고자 하는 의지도 꺾이고 만다. 이제는 현실적으로 내가 가능하다고 생각하는 몸매를 목표로 잡아보길 바란다. 지금보다 조금 더 나은 몸, 입고 싶은 옷을 거리낌 없이 당당하게 입을 만큼의 몸은 분명 노력으로 만들 수 있다.

다만 보기 좋게 아름다운 몸매는 그에 합당한 '대가' 없이는 절대로 만들어지지 않는다. 줄곧 이야기했지만 나는 과거에 살을 빼기 위해 온갖 방법을 다 시도해보았다. 아무런 노력 없이 시술만으로 빠르게 살을 빼준다는 광고에 혹하기도 했다. 그러나 그간 이어져온 생활 습관을 바꾸지 못해 매번 이전 상태로 빠르게 돌아가는 '요요현상'을 겪었다.

평상시의 꾸준한 운동이 누구에게나 쉬운 일은 아니다. 육아에 시달리며 따로 운동할 짬이 나지 않는 사람도 있고, 하루 종일 바쁘게 일하는 사람에게 업무를 내팽개쳐두고 운동하라고 말할 수도 없는 노릇이다. 그래서 이번 장에서는 일상에서 간단하게 할 수 있는, 그러나 효과는 탁월한 몸매 관리 습관을 소개하고자 한다. 나 역시 바쁜 일과 때문에 따로 운동을 하지 못할 때엔 여기에 언급한 습관만이라도 반드시 지키려 노력한다.

∞ 전신 거울 앞에 서기

날씬하고 보기 좋은 몸을 만들려면 먼저 전신 거울부터 갖추어야 한다. 자신의 몸을 전체적으로 바라보고 온전히 마주하기 위해서다. 내가 무척 살이 잘 찌는 체질임에도 몇 년 째 비슷한 몸무게를 유지하는 비결은 바로 '전신 거울을 통한 지속적인 몸 관찰'이다.

대부분의 사람은 샤워 후 곧바로 옷을 챙겨 입기 때문에 자신의 벗은 몸을 볼 일이 잘 없다. 하지만 하루에 한 번이라도 옷에 가려지지 않은 내 몸 그대로를 바라봐야 한다. 벗은 몸을 관찰하는 일은 평상시 몸매 관리를 지속시키는 데에 무척 효과적인 자극제다. 또 몸 상태를 정확히 알면 어느 부위를 어떻게 관리해야 하는지 생각할 수 있다. 거울 앞에 서서 적나라한 몸을 보면 분명 자신의 몸임에도 생소함을 느끼고 충격에 빠질 것이다.

날씬한 몸매를 꿈꿨던 나는 정말로 오랜 시간 동안 운동과 다이어트를 반복해왔다. 하지만 피팅 룸이나 사우나 거울로 마주한 몸은 매번 나를 흠칫 놀라게 했다. 그래서 몇 년 전 큰 결심 끝에 방에 전신 거울을 들여놓았다. 그러고는 매일 샤워를 마친 후 내 몸을 있는 그대로 바라보고 관찰했다. 전신 거울이 없었을 때는 내 몸이 어떻게 생겼는지, 자세가 어떠한지 전혀 알지 못했다. 하지만 하루 5분만이라도 내 몸을 관찰하자 억지로 결심하지 않아도 의식적으로 몸매를 관리하게 되었다. 좀 많이 먹었다 싶은 날은 어김없이 배가 나와 보였고, 바쁘다는 핑계로 스트레칭이나 걷기 운동을 며칠 쉬면 탄력 없이 늘어진 팔뚝 살이 눈에 들어왔다. 반면 건강한 식사를 하고 운동을 열심히 한 날이면 왠지 내 몸이 더 예뻐 보였다. 또 거울을 보며 양쪽 어깨의 높이는 일정한지, 등은 곧고 턱은 아래로 당겨졌는지를 확인하자 자세 교정에도 도움이 되었다. 실제로 체형 관리 전문가들은 "매일 몇 분이라도 내 몸을 지켜보면 몸매 관리에 효과를 볼 수 있다"고 입을 모은다.

자, 그러니 오늘 밤 당장 전신 거울 앞에 서보자. '내 모습에서 변화시켜야 할 부분이 어디인가?'를 스스로에게 질문해보길 바란다.

∞ 매일 몸무게 재기

"지금 몇 킬로그램 정도 나가시나요?"

"사실 잘 모르겠어요. 살이 찐 이후부터는 체중을 거의 안 재고 있거든요."

나도 모르는 사이 급격히 살이 쪘다고 말한 사람들은 대부분 현재 자신의 몸무게를 제대로 모르거나 오랫동안 체중 변화에 민감하게 반응하지 않았다는 공통점이 있었다. 나는 습관적으로 매일 아침과 저녁 하루에 두 번씩 몸무게를 잰다. 다이어트를 하지 않아도 시시각각 몸의 변화에 관심을 기울이기 때문이다. 물론 다이어트를 할 때 몸무게에만 집착하는 태도는 바람직하지 않다. 지방이 빠진 자리에 근육이 차면 간혹 체중계의 숫자가 증가하는 경우도 발생한다. 하지만 그럼에도 자신의 신장에 어울리는 표준 체중을 알고 지금 나의 몸무게가 얼마나 나가는지는 정확히 인지할 필요가 있다. 매일 내 몸이 어떻게 변하는지를 지켜보는 일은 건강과 몸매라는 두 마리 토끼를 잡기 위한 최상의 방법이다.

∞ 틈틈이 스트레칭하기

스트레칭은 다른 운동에 비해 쉽고 안전하다. 언제 어디서나 별다른 기구 없이 할 수 있다는 점에서 경제적이기까지 하다. 또 몸의 가동 범위를 늘려 평소보다 열량을 더 많이 소모하게 해 자연스럽게 살이 빠지는 체질로 만들어준다. 체지방 연소에도 효과가 크고 자세를 바르게 교정해주어 혈액 순환에도 좋다. 또한 체내 산소 공급량을 늘리고 노폐물을 배출시켜 피로를 해소시킨다. 늘 바쁜 일상을 보내지만 틈틈이 5분 정도 시간을 내어 스트레칭을 해보자. 아침에 일어나서 5분, 일하면서 5분, 잠들기 전 5분만 해도 하루 15분 동안의 스트레칭이 가능하다.

∞ 복근에 힘주기

여자 나이 서른이 넘어가면 뱃살이 늘어나기 시작한다. 물론 20대라 할지라도 헐렁한 옷을 자주 입거나 과식하는 습관이 있다면 뱃살의 위험에서 벗어나기 힘들다.

따로 운동을 하기 어려울 때는 앉아 있거나 걸어 다닐 때 복근에 제대로 힘을 주는 것만으로도 탄탄한 배를 만드는 데 도움이 된다. 의식적으로 아랫배를 집어넣어 힘준 상태를 유지하면 기초 대사량이 높아지고 체지방이 쌓이는 것을 막는다. 또 척추가 펴지고 자세가 교정되는 효과까지 볼 수 있다.

∞ 발레 호흡하기

발레에서는 깊은 호흡, 즉 횡격막 호흡을 권하는데 이는 전신 순환에 무척 효과적이다. 숨만 잘 쉬어도 에너지 대사량이 올라가 살이 빠지는 체질을 만들어준다. 어깨를 편 상태로 숨을 들이쉬고 내쉴 때 모두 복부에 힘을 주는 것이 기본이며, 최대한 갈비뼈를 벌리면서 코로 숨을 들이마시고 갈비뼈를 조이는 느낌으로 입으로 숨을 천천히 내쉰다. 다시 이어 갈비뼈를 조인 채로 숨을 들이 마시고 내쉰다. 발레 호흡은 윗몸 일으키기보다 더 좋은 복근 운동이라고 한다. 꾸준히 하면 숨만 쉬어도 배가 탄탄해지고 살이 빠지는 효과가 있다니 이보다 더 좋은 호흡법이 어디 있겠는가.

∞ 30분 이상 걷기

이미 잘 알려졌듯이 걷기는 근육과 뼈를 튼튼하게 하고 비만을 예방하며 스트레스 해소에 효과적이다. 매일 30분 이상 걸으면 체중 감량에 도움이 되며, 부족한 신체 활동량을 채울 수 있다. 하지만 집 안에서만 생활하거나 특별히 움직일 일이 없는 사무직 회사원들은 하루에 30분 이상 걷기조차 쉽지 않은 게 현실이다. 집이나 회사 근처에 산책할 곳이 마땅하지 않다며 걷기에 어려움을 호소하는 사람들도 많다.

하지만 조금 솔직해지자. 따지고 보면 걸을 수 있는 기회가 꽤 많은데, 우리는 좀처럼 잘 걸으려 하지 않는다. 바쁜 출퇴근길에 에너지를 빼앗기지 않겠다며 계단 대신 에스컬레이터나 엘리베이터만을 고집하지 않았던가? 점심을 먹으러 가는 주변 직장인들의 모습을 지켜보면 단 한 층을 올라갈 때도 엘리베이터를 이용하는 것이 습관화되어 있었다.

나이가 들어도 탄탄한 몸매를 유지하는 프랑스 여자들은 걷기를 삶의 일부로 여기며, 언제 어디서든 걸어 다니는 것이 생활화되어 있다. 게다가 충분히 걷지 않았다는 생각이 들면 일부러 계단을 걸어 올라서라도 어떻게든 더 걸으려 애쓴다. 아침에 걷기가 도무지 어렵다면 동료와 함께 커피숍에서 수다를 떨 시간에 점심 식사 후 혹은 퇴근 길에라도 걷기를 시작해보자. 구두를 신고 출퇴근한다면 걷기에 편한 단화 한 켤레를 챙겨 다니는 센스도 발휘해보면 좋겠다.

[5-Skin Care] 피부가 얼굴 나이를 결정한다

아무리 나이보다 신체가 젊더라도 얼굴에 주름과 잡티가 가득하면 더 늙어 보이게 마련이다. 나는 일찍부터 피부 관리에 관심이 많았다. 언뜻 보기에 나쁘지 않은 피부지만 잠을 못 자거나 인스턴트 음식을 자주 먹으면 어김없이 트러블이 올라왔고, 겨울이 되면 급격하게 건조해지는 탓에 늘 화장품 선택에 신중을 기했다. 특히 20대 후반부터는 피부 나이가 눈에 띄게 달라지고 있다는 느낌을 받았는데, 30대가 되자 잡티나 주름과 같은 노화의 징조가 나타나기 시작했다.

별다른 관리를 받지 않아도 트러블이 없는 건강한 피부를 유지하는 사람들과 달리, 심하게 건조하고 얇은 내 피부가 정말 마음에 들지 않았고 노화에 취약한 조건을 모조리 가지고 있다고 생각했다. 하지만 거기에서 낙심하지 않고 매일 조금씩 할 수 있는 스킨케어에 관심을 기울이기로 했다. 그 결과 피부는 생기를 되찾았고, 지금은 동년배와 비교해도 다섯 살 이상 어려 보이는 피부를 가지게 되었다.

　나와 마찬가지로 자신의 피부에 완전히 만족하는 여성은 거의 없다고 본다. 누구나 남이 모르는 내 피부의 작은 결점에 실망하고 낙담하니 말이다. 하지만 피부 타입에 맞는 기본적인 스킨케어 방식을 잘 알고 지킨다면 분명 개선 효과를 볼 수 있다.

　타고난 피부 상태는 나이가 들면서 변하기도 한다. 지성 피부였던 사람이 건성으로 바뀌기도 하고, 건성 피부였던 사람이 성인 여드름으로 고생하는 경우도 많다. 먼저 화장대에 놓인 화장품을 아무 생각 없이 그대로 사용하는 습관부터 점검해보자. 그 화장품이 내 피부에 잘 맞는지부터 면밀히 따져볼 필요가 있다. 화장품을 바르기 전 자신의 피부 상태가 건조한지, 거친지, 번들거리는지, 트러블이 올라오지는 않았는지 꼼꼼히 살펴보는 일도 잊지 말아야 한다.

∞ 피부과와의 현명한 협력 관계란?

　내 주위에는 하루가 멀다 하고 피부과에 다니는 여성들이 있는가 하면, 지금껏 한 번도 피부과에 가본 적이 없다고 말하는 여성들도 있다. 사실 요즘 피부과 광고들은 워낙 과장이 심해 드라마틱한 효과를 자랑하는 시술이나 관리법에 신뢰가 가지 않는 것도 사실이다. 하지만 그럼에도 내 피부에 대해 객관적이고 현실적인 조언을 해줄 수 있는 피부과 하나쯤은 알고 있는 편이 좋다고 본다. 계절과 환경에 따라 피부에는 예상치 못했던 변화가 찾아온다. 청소년기에 여드름 하나 나지 않았던 사람이 갑자기 성인 여드름으로 고생을 하는가하면, 티 없이 매끈한 피부를 자랑했던 사람도 원인 모르게 번지는 편평 사마귀로 인해 피부가 오돌토돌하게 변할 수 있다. 자신의 피부가 유난히 예민하다는 사실을 모르고 매주 열심히 스크럽제로 각질 제거를 하다가 상태가 급격히 나빠진 여성도 있다. 특히 해가 갈수록 미세먼지가 심해지고 자외선이 강해지면서 피부를 위협하는 요인들이 늘고 있는 만큼, 내 피부의 문제를 온전히 스스로 진단하고 해결하기가 어려워졌다. 이럴 때 피부과를 이용하면 현재 나의 피부 상태를 객관적으로 진단받을 수 있고, 어떤 종류의 화장품을 피하고 선택해야 하는지에 대한 긴요한 정보를 얻을 수 있다.

하지만 피부과에서 하는 관리와 시술에 대해 과도한 기대나 욕심을 갖는 건 금물이다. 메이크업을 하지 않아도 잡티가 보이지 않는 피부 혹은 세수만 해도 윤기가 나고 촉촉한 피부는 거의 없다. 간혹 과장된 광고에 현혹돼 아기 같은 피부를 만들겠다고 각종 시술을 끊임없이 받으며 무리를 하는 여성들이 있는데, 이는 오히려 피부를 약하고 민감하게 만든다. 특히 레이저 시술을 받아 피부 상태가 즉각적으로 개선되었다 해도, 사후 관리를 잘하지 못하면 피부 상태는 이전보다 더 나빠질 수 있다는 것을 기억해야 한다.

그렇다면 정말로 내 피부에 도움이 되는 피부과는 어떻게 선별해야 할까? 먼저 객관적인 분석과 함께 꼭 필요한 시술만을 권하고, 시술 효과를 충분히 설명해주며, 시술 후 홈 케어에 대한 정보를 꼼꼼하게 알려주는 곳을 선택해야 한다. 나는 몇 년 전부터 집에서 멀지 않은 피부과 하나를 선택해 한 달에 한두 번 정도 가벼운 관리를 받고 있다. 꾸준한 관리 덕분에 잦은 트러블에서 해방되었고, 지금은 몇 년 전보다 훨씬 더 건강한 피부를 유지하고 있다.

Action! ─────────────────

건강한 피부를 만드는 데일리 관리 습관

<u>01</u> 늘 같은 제품을 사용하기보다는 클렌징 워터, 밀크, 크림, 오일 중 메이크업의 정도와 그날의 피부 상태에 맞는 적절한 제품을 골라 사용하는 편이 좋다. 클렌징 폼을 사용할 때는 거품을 충분히 낸 후 손가락에 힘을 빼고 얼굴 구석구석을 부드럽게 롤링한다. 피부 온도와 비슷한 정도의 물을 가볍게 끼얹으며 충분히 씻어낸다. 수건으로 닦을 때는 아기 피부를 다루듯 살짝 물기만 묻혀낸다.

<u>02</u> 각질 제거는 자신의 피부 상태에 따라 결정한다. 일주일에 한 번 혹은 두 번 각질을 제거하라는 이야기는 모두에게 해당하지 않는다. 피지가 많은 지성 피부이거나 각질로 인한 문제(거칠음, 화장이 들뜸, 칙칙한 피부색)가 생겼을 때만 주기적으로 부드럽게 제거하고, 특별히 문제가 없는 보통의 피부라면 매일 세안 후 스킨을 화장솜에 충분히 묻혀 닦아내는 정도면 충분하다.

<u>03</u> 계절과 피부 상태에 따라 개선에 도움이 되는 적절한 에센스를 선택한다.
(수분 에센스, 화이트닝 에센스, 탄력 에센스 등)

<u>04</u> 아이크림을 사용하면 눈가의 건조함을 막고 주름을 방지하는 데 도움이 된다. 물론 아이크림의 효능에 대해서는 전문가들의 의견이 분분하지만, 그것이 플라시보 효과라 해도 나는 바르는 쪽을 권하고 싶다.

05 크림을 선택할 때는 피부 상태(건성, 중성, 지성)에 따라 제품의 유분과 자극 정도를 꼼꼼히 따져보고 사용해야 한다.

06 시트 마스크는 피부에 즉각적으로 영양과 수분을 공급하는 가장 저렴하고 효과적인 관리 비법이다. '1일 1팩'으로 빠르게 피부 개선 효과를 보았다는 사람들도 있고, 연예인들 역시 시트 마스크로 피부 관리를 하는 경우가 많다. 최소 일주일에 한 번 이상은 세안 후 수분크림을 바르기 전에 시트 마스크를 붙여 관리해보길 바란다.

07 외출 전에는 반드시 자외선 차단제를 발라야 한다. 외적 피부 노화의 요인 중 70퍼센트 이상이 바로 자외선이다. 자외선은 피부의 신진대사를 막고 면역력을 저하시켜 세포의 수명을 떨어뜨리는데, 이렇게 노화된 피부는 잠깐만 햇빛에 노출돼도 염증과 기미가 쉽게 생긴다. '무인도에 화장품을 단 하나만 가져가야 한다면 어떤 화장품을 가지고 가겠느냐'는 질문에 모든 뷰티 전문가들이 자외선 차단제를 꼽았다. 그 어떤 값비싼 안티에이징 화장품 보다 자외선 차단제가 최고의 노화 방지제이기 때문이다.

∞ 한 달에 한 번 나를 위한 선물, 전신 마사지

나는 최소 한 달에 한 번 전신 마사지를 받는다. 직장에 다니던 시절 우연히 피로를 풀고자 전신 마사지를 받았는데, 그때 내 몸 이곳저곳이 많이 뒤틀리고 뭉쳐 있음을 알았다. 몇 년 전 여러 대학에 동시 출강을 다녔을 때는 하루 종일 높은 구두를 신고 9시간 이상 서서 강의를 하는 바람에 어깨와 하체에 무리가 오기도 했다. 오랜 시간 앉아서 일하는 사람들도 다리를 꼬거나 목을 내밀고 허리를 숙이는 등 올바르지 않은 자세 탓에 몸 여기저기가 망가져 있을 가능성이 크다.

마사지는 순환을 도와 몸속에 막힌 혈액을 풀어주고, 단단하게 뭉친 근육을 풀어주며, 셀룰라이트의 형성을 막는다. 오랜만에 마사지를 받으면 평상시 아픈 줄도 몰랐던 장기와 신체 곳곳이 상태가 좋지 않다는 걸 알게 되는데, 그럴 때마다 '내 몸에 대해 이렇게나 몰랐구나' 하는 반성을 하게 된다.

보통 전신 마사지는 5만 원대부터 가격대가 다양하다. 꼭 비싼 마사지를 받지 않아도 비슷한 효과를 볼 수 있다. 지금까지 자기만을 위한 시간을 가지지 못했거나 제대로 몸을 돌보지 못했던 사람이라면 한 달에 한 번 마사지를 받기만 해도 굳어 있던 마음과 몸이 조금씩 부드러워짐을 느낄 수 있을 것이다. 마사지를 받는 동안 자신의 몸이 더욱 소중하다는 사실도 깨닫길 바란다. 한두 번 외식할 돈만 아껴도 내 몸에 깊은 애정을 보낼 수 있다.

[6-Makeup] 자신감의 시작은 메이크업이다

여자가 메이크업을 하는 데에는 여러 가지 이유와 동기가 있다. 나를 가꾸는 즐거움을 얻기 위해, 콤플렉스를 극복하기 위해, 타인에게 호감을 주기 위해, 더 아름답고 당당해지기 위해 그렇게 오랜 시간 정성을 들이는 것이다. 메이크업의 의미는 단순히 얼굴을 아름답게 만드는 데에만 그치지 않는다. 메이크업이라는 행위 자체는 일회적이지만, 사실 심리 상태와 큰 연관이 있고 외모 만족도를 높이는 데도 상당 부분 기여한다. 메이크업을 통해 아름답게 변화한 외모는 자신에 대한 만족감과 자신감을 높여 사회생활에 긍정적인 영향을 미치고, 우울하거나 침체된 마음을 위로한다. 메이크업을 할 때 이런 효과를 인지한다면 원하는 삶을 살아가는 데 큰 힘을 얻을 수 있다. 메이크업을 통해 콤플렉스를 가리면 그에 대한 부정적인 생각에서 벗어날 수 있으며, 자신을 더욱 잘 가꿔야겠다는 생각도 하게 된다. 그리고 이런 효과는 '스스로' 화장을 할 때 더욱 강해진다.

자잘한 피부 잡티로 인해 고민이 많았던 30대 공무원 L씨는 깨끗한 피부로 보이는 메이크업을 배운 뒤 자신감이 생겼으며 이전보다 더 자신을 가꾸게 되었다고 고백했다. 눈썹 모양이 예쁘지 않아 늘 앞머리로 가리고 다녔던 대학생 C양 역시 눈썹 메이크업을 스스로 할 줄 알게 되면서 이마를 자신 있게 드러냈고 만나는 사람들로부터 인상이 밝아졌다는 이야기를 들었다며 기뻐했다.

　메이크업을 통해 외모에 자신감이 생기면 태도와 행동이 적극적으로 변하고 주변 사람들과의 관계 형성도 쉬워진다. 메이크업을 하지 않았던 여성이 메이크업을 하고 달라진 모습으로 나타나면 주변에서 먼저 변화를 알아보며 "요즘 무슨 좋은 일 있어요?", "립스틱 색깔이 너무 잘 어울려요", "오늘 더 예쁘시네요"와 같은 칭찬을 건넬지도 모르겠다. 긍정적인 변화를 원한다면 지금부터 자신감을 높이고 나를 더 돋보이게 해줄 메이크업 방법을 자세히 알아보자.

Action!

나에게 보내는 위로와 격려, 힐링 메이크업

메이크업을 하는 동안만큼은 온전히 내 얼굴에만 집중해보세요. 힐링 메이크업은 각 단계마다 특별한 의미가 있습니다. 각각의 의미를 되새기며 하나씩 따라해보세요.

01 관찰: 세안 후 얼굴 보기

세안 후 거울을 보며 현재 나의 심리와 피부 상태를 차분하게 확인한다. 피부가 거칠고 푸석하다면 수분과 윤기를 공급하는 제품을 더하고, 기분이 우울하다면 선명한 컬러의 메이크업으로 생기를 더해보자. 오늘의 일정을 고려해 어떤 메이크업을 해야 할지 생각해본다.

02 정돈: 스킨케어

깨끗하고 빛나는 피부를 상상하며 피부 결을 정돈한다. 토너를 화장솜에 듬뿍 묻혀 닦아내면 각질이 정리되어 매끄러워진다. 이후 곧바로 립밤을 발라 미리 입술에 수분을 공급한다. 수분 크림을 바르고 충분히 흡수시켜 촉촉함을 더한다.

03 커버: 피부색 정돈 / 눈썹 보완

BB크림이나 파운데이션을 이용해 전체적으로 깨끗하게 피부를 보정한다. 그 뒤 눈썹을 채워 깔끔한 인상을 만든다. 눈썹을 그릴 때는 가급적 머리색에 맞추는 것이 자연스럽다.

04 연출: 색조 메이크업

얼굴에 생기를 불어넣고 색다른 이미지로의 연출을 돕는다. 미소를 지었을 때 봉긋하게 올라오는 볼을 중심으로 블러셔를 바르면 인상이 더 밝아 보인다. 립스틱은 얼굴의 분위기를 좌우하는데, 피부색에 자연스럽게 어울리는 컬러를 선택해 바르는 것으로 메이크업을 마무리한다.

05 확인: 거울 보기

메이크업을 마친 후 거울을 보며 환하게 미소 짓는다. 자신에게 예쁘다는 칭찬을 해주고, 오늘 어떤 활동을 하고 싶은지, 누구를 만나고 싶은지를 떠올린다.

Action!

자신감 UP 데일리 메이크업

외출 전에 하면 자신감이 생기는 메이크업 단계입니다. 메이크업을 통해 외면과 내면에 긍정적인 기운을 불어넣고 싶다면, 전혀 다른 내 모습이 아닌 원래의 모습이 조금 더 예뻐 보이는 정도로 외모의 목표를 잡아야 합니다.

01 스킨케어

토너로 피부 결을 정리한 뒤 수분크림을 바른다. 입술이 트지 않도록 미리 립밤을 발라둔다.

02 피부 표현

베이스로 피부 톤을 고르게 한 뒤, 파운데이션(혹은 BB크림)을 얇게 펴 바른다.

03 잡티 제거

컨실러를 이용해 도드라지는 잡티를 하나씩 커버한다.

04 눈썹 보정

머리색과 비슷한 컬러의 아이브로우 제품으로 눈썹을 채운다.

05 아이 메이크업

밝은 색 아이섀도우를 눈꺼풀 전체에 펴 바른다. 쌍커풀 라인에 맞춰 같은 계열의 짙은 색 아이섀도우를 바른 뒤, 연한 펄이 있는 제품으로 경계를 부드럽게 만든다. 아이라이너로 눈꺼풀 점막을 꼼꼼히 채운다.

06 속눈썹 메이크업

뷰러로 속눈썹을 말아 올리고 뭉치지 않도록 마스카라를 바른다.

07 볼 터치

웃을 때 솟아오르는 볼을 중심으로 가볍게 블러셔를 바른다.

08 립 메이크업

컨실러를 이용해 입술 선을 정리한다. 입술 안쪽부터 립스틱(혹은 틴트)을 발라 고르게 편다.

09 밸런스 확인/미소 짓기

거울을 보며 전체적인 조화를 확인한다. 기분 좋은 미소를 짓는다.

[7-Hairstyle] 헤어스타일이 나를 말한다

미국의 여성 정치가 힐러리 로댐 클린턴(Hillary Rodham Clinton)은 이런 말을 남겼다.

"성공하려면 헤어숍에 가라!"

그녀는 백악관에 머물던 시절, 자신의 이미지를 만드는 요소 중 헤어스타일이 가장 중요했다고 이야기할 만큼 머리 모양에 각별히 신경 쓴 것으로 유명하다.

실제로 헤어스타일은 한 사람의 정체성을 그대로 보여준다. 현재의 심리 상태와 기분, 처한 상황까지를 고스란히 드러낸다. 간혹 이별한 여성들이 머리를 단발로 자르는 경우가 많은데, 이와 같은 맥락이라고 봐도 무방하다. 프로젝트 런웨이의 심사위원이자 세계적인 패션 컨설턴트 팀 건(Tim Gunn)은 "자신과 언제 어디서나 함께할 헤어스타일을 멋지게 다듬는 일은 어디에도 잘 어울리는 근사한 액세서리 하나를 장만하는 일과 같다"고 말했다. 「오프라 윈프리 쇼」에 출연하며 화제를 모았던 패션 컨설턴트 빅토리아 모란(Victoria Moran) 역시 "몇 년 동안 같은 헤어스타일을 고수하는 것이 외모의 노화를 촉진한다"고 말하며 헤어스타일의 중요성을 강조했다.

매년 우리의 얼굴에는 크고 작은 변화가 찾아온다. 나이가 들수록 커리어나 직책도 달라진다. 하지만 그럼에도 수년간 헤어스타일을 바꾸지 않은 채 어울리지 않는 이미지로 살아가는 여성들이 많이 있다.

타고난 곱슬머리였던 K씨는 직장 생활을 하는 내내 스트레이트 단발머리를 고수했다. 하지만 프리랜서 미술가로서의 삶을 살기로 마음먹은 후부터는 아무런 펌을 하지 않은 채 그대로 머리를 길렀다. 마치 나이아가라 펌을 한 듯 풍성하게 펼쳐지는 그녀의 천연 곱슬머리는 어느덧 자신만의 시그니처가 되었다. 그녀는 독특한 헤어스타일 덕분에 자유로운 영감이 더욱 잘 떠오르는 것 같다고 말했다.

이마를 덮은 뱅 스타일 앞머리에 허리까지 오는 금발 웨이브 머리를 가졌던 L씨는 전문적이고 신뢰감 느껴지는 이미지를 원한다고 말했다. 먼저 헤어스타일을 변화시키는 일이 시급하다고 판단돼 조금 어두운 컬러로 염색을 하고, 심하게 상하고 푸석해 보이는 긴 머리를 자르라고 권유했다. 하지만 그녀는 쉽게 수긍하지 못하며 난색을 표했다. 전문가다운 이미지를 원하면서도 마음속에 '어려 보이고 싶다'는 욕구가 강하게 자리 잡고 있었기 때문이다. 긴 설득 끝에 머리 기장을 조금 자르고, 피부색과 잘 어울리는 초콜릿 브라운 컬러로 염색을 해 차분한 이미지로 변화시킬 수 있었다.

살을 빼거나 표정을 보기 좋게 만드는 일에 비해 헤어스타일을 변화시키는 건 그리 어렵지 않다. 미용실에 가 원하는 머리 모양을 말하고 전문 미용사의 손에 맡기기만 하면 된다. 그럼에도 많은 여성들이 헤어스타일을 바꾸는 데에 주저하는 이유는 큰 결심과 용기가 필요하기 때문이다. 기존에 가지고 있던 이미지를 완전히 잃어버릴까봐, 새로운 머리가 어울리지 않을까봐 걱정하고 두려워한다.

IT회사에 다니는 30대 미혼 여성 K씨는 어둡고 평범하게 느껴지는 이미지를 도시적이고 세련되게 변화시키고 싶다고 말했다. 그녀의 이미지를 가라앉게 만든 주범은 덥수룩한 앞머리와 허리까지 내려오는 검은 생머리였다. 나는 그녀에게 부드러운 느낌이 드는 모카 브라운 컬러로 염색을 한 뒤 앞머리를 옆으로 살짝 넘기고 턱선 기장의 레이어드 컷으로 다듬어볼 것을 권했다. 하지만 그녀는 살면서 한 번도 단발머리를 해본 적이 없고 어울리지 않을까봐 걱정이 돼 결혼 전까지는 긴 머리를 유지하고 싶다고 말했다.

이미지를 바꾸고 싶다고 말하면서 막상 그녀가 긴 머리를 과감하게 자르지 못한 이유는 무엇이었을까? 바로 긴 머리가 주는 혜택, 이를테면 청순함이나 여성스러운 이미지를 잃고 싶지 않아서였다.

종종 머리를 기르면 미용실에 자주 가지 않아도 되니 관리가 편하다고 말하는 여성들이 많은데, 나는 이런 생각을 바로잡아주고 싶다. 먼저 긴 머리를 제대로 말리지 않은 채 잠을 자거나 묶으면 두피 건강에 해롭다. 짧은 머리에 비해 푸석해지기도 쉬워 트리트먼트나 에센스를 꼭 사용해야 하는 번거로움도 있다. 게다가 긴 머리만을 고수하면 어울리는 옷의 선택지도 줄어들어 이미지를 변신시키기도 어렵다. 여성스러워 보이고 싶어 머리를 기르지만 관리를 잘하지 못해 하루 종일 묶고만 다닌다면 긴 머리가 주는 긍정적 혜택도 얻을 수 없다.

최근에 나는 생애 처음 쇼트커트에 도전했다. 개성이 느껴지면서도 세련된 이미지를 원하는 마음에서였다. 물론 나 역시 '다시 기르기 힘들면 어떡하지?', '안 어울리면 큰일인데'라는 생각에 한참을 주저했다. 하지만 문득 '한번 해보지 뭐!'라는 결심이 섰고, 과감하게 미용실로 향했다. 그런데 막상 머리를 자르자 이전의 걱정이 무색할 만큼 빠르게 새로운 헤어스타일에 적응했다. 게다가 그동안의 헤어스타일 중 가장 잘 어울린다는 평가도 받았다. 아마 시도해보지 않았더라면 평생 쇼트커트는 나와 무관한 헤어스타일이라 여기고 살았을 것이다.

나에게 어울리지 않을까봐, 혹은 관리하기 힘들까봐 새로운 헤어스타일로의 변신을 망설이는 사람이 많다. 하지만 모든 변화는 시도해보지 않았던 일을 하나씩 도전해보는 자세로부터 시작된다. 생각지 못했던 헤어스타일이 내 매력을 발산시키는 '인생 머리'가 될지도 모르는 일이다.

∞ 얼굴형에 맞는 헤어스타일 찾기

"헤어스타일을 바꾸지 않고는 절대로 이미지에 변화를 줄 수 없습니다."

다른 건 다 바꿔도 절대 머리만큼은 건드릴 수 없다고 하는 여성들에게 나는 이렇게 말한다. 한번 생각해보자. 이마를 일자로 덮은 뱅 스타일 앞머리에 노란색 머리를 하고서 커리어우먼 같은 전문적인 이미지를 풍길 수 있을까? 아무렇게나 질끈 묶은 머리로 차분하고 신뢰감 있는 느낌을 줄 수 있을까? 지금 나의 헤어스타일은 직업과 직책, 내가 다른 사람에게 보이고 싶은 이미지에 잘 부합하는지 스스로 평가해보길 바란다.

다만, 얼굴형에 따라 피해야 할 스타일은 분명하게 존재한다. 넓은 이마에 뾰족한 턱을 지닌 역삼각형 얼굴은 앞머리가 없거나 옆머리가 볼륨 없이 딱 달라붙는 스타일을 피해야 한다. 이마가 더 넓어 보이고 좁은 턱이 강조되어 날카로운 인상을 주기 때문이다. 턱이 각진 사각형 얼굴에는 머리 전체를 뒤로 넘긴 포니테일 스타일이 어울리지 않는다. 동글동글한 얼굴형은 앞머리가 이마를 덮는 뱅 스타일을 피하도록 한다. 긴 얼굴형의 경우, 앞머리가 없는 긴 생머리를 했을 때 오히려 얼굴이 더 길어 보일 수 있으니 주의해야 한다.

Action! ───────────

원하는 이미지를 만들기 위한 헤어스타일 연출법

지금껏 단 한 번도 내 헤어스타일에 대해 생각해본 적 없다면, 혹은 아무런 계획 없이
미용실에 다녔다면 아래에 소개한 방법을 따라 해보세요.

01 먼저 내가 평소에 원했던 이미지가 무엇인지 생각한다.

02 인터넷이나 잡지에서 원하는 헤어스타일의 사진을 찾아 수집한다.

03 미용실에 갈 때 원하는 이미지와 가장 잘 어울리는 옷을 입고 간다.
   (굳이 말로 설명하지 않아도 디자이너에게 원하는 느낌을 표현할 수 있다)

04 시술 전 디자이너에게 수집한 사진을 보여주고 충분히 상담한 후
   헤어스타일을 결정한다.
   (얼굴형, 머리숱, 모발 굵기, 손상도에 따라 결과가 달라질 수도 음을 고려한다)

05 시술 후 디자이너에게 셀프 스타일링 방법을 배워온다.

[8-Fashion] 패션은 가장 강력한 의사소통 수단이다

도미니크 로로의 저서 『심플하게 산다』에는 이런 말이 나온다.

"정성을 들인 좋은 옷차림에서는 긍정적인 에너지가 나온다."

나 역시 자신만의 스타일로 옷을 잘 차려 입은 사람을 보면 왠지 모르게 기분이 좋아진다. 자신감과 함께 그 사람만의 감각과 에너지가 느껴지기 때문이다.

옷에는 사람을 바꾸는 힘이 있다. 일종의 '전염 효과'가 있어서 자신이 어떤 옷을 입었느냐에 따라 생각과 마음이 달라진다. 그래서 옷을 차려 입는 일은 굉장히 중요한 의식이다. 물론 옷이란 그저 '겉치장'에 불과하다고 생각하는 사람들에게는 이런 말이 조금 우습고 과하게 들릴 지도 모르겠다. 하지만 누군가를 만나 대화를 나누기도 바쁜 현대 사회에서, 옷은 우리가 자신을 소개하기도 전에 나를 알리는 암묵적 메시지이자 의사소통의 수단으로서의 역할을 한다.

나는 종종 강의 시간에 스트리트 패션의 신이라 불리는 닉 우스터(Nick Wooster)의 사진을 보여준다. 그러고는 이 사람의 직업을 맞춰보라는 퀴즈를 낸다. 그러면 놀랍게도 수강생들은 그를 전혀 알지 못하고 본 적도 없음에도 '패션 업계 종사자'라는 정답을 내놓는다. 옷차림만 보고도 직업까지 짐작해낸 것이다.

패션지 마리끌레르의 패션 디렉터 니나 가르시아(Nina Garcia)는 스타일의 기초 공식을 이렇게 정의 내렸다. "스타일의 해법은 영혼에 자신감을 입히고, 기본 아이템에 충실하고, 감각적인 사람들로부터 영감을 얻어 자신의 것으로 발전시키는 일이다."

나는 매일 옷을 입을 때마다 속으로 이렇게 묻는다. '나는 오늘 어떤 사람으로 보이고 싶은가?' 그러고는 이렇게 대답한다. '마인드가 유연하고, 감각적인 사람으로 보이고 싶다.' 그러면 오늘 내가 입어야 할 옷과 앞으로 사야 할 옷이 쉽게 결정된다.

패션은 내가 누구인지를 가장 분명하게 나타내주는 수단이다. 이는 누구도 부인할 수 없는 명제다. 오늘 내가 옷차림을 통해 어떤 메시지를 전달할 것인지 생각해보는 일은 원하는 스타일로 다가가는 첫걸음이다. 자, 이제 당신은 옷으로 어떤 이야기를 들려주고 싶은가?

∞ 스타일에도 연습이 필요하다

옷은 보이지 않는 감성과 지성, 센스를 겉으로 드러내는 매개다. 그런데 많은 한국 여성들은 '패션 감각'을 길러볼 기회를 얻지 못한 채 자라왔다. 어린 시절에는 당연히 엄마가 사주는 옷을 입고, 학창시절에는 획일화된 교복을 입으며, 대학생이 되고난 후 잠시 마음에 드는 옷을 골라 입다가 사회에 진출하면 직장 분위기에 어울리는 옷을 입게 된다. 물론 자신만의 개성을 살려 옷을 입도록 허용하는 회사에 입사한다면 다행이지만, 보수적인 직업을 갖거나 유니폼을 입는 직종에 종사한다면 자신만의 패션 감각을 기를 수 있는 기회가 훨씬 더 줄어든다. 또 사귀는 남자친구가 특정한 스타일만을 선호한다면 내가 좋아하는 패션을 시도해보기가 힘들다. 결혼 후에는 남편의 취향에 맞추거나 아이를 키우느라 패션에 관심을 가질 여유조차 없는 게 현실이다.

정신없이 바쁜 일상 속에서 대부분의 사람들은 시간 내어 옷장을 정리하기도 쉽지 않다. 옷장을 열면 몇 년간 한 번도 입지 않은 옷들이 뒤엉켜 있고, 어쩌다 옷을 사러 가면 예전에 입던 사이즈에서 멀어진 체형을 자각하게 될 뿐이다. 그리고는 한숨을 쉬며 스스로를 이렇게 위안한다. '이제 이런 스타일리시한 옷은 나에게 어울리지 않아.'

대학 시절 체육학을 전공한 J양은 졸업 후 사회생활을 시작하면서 고민이 생겼다. 늘 편안한 청바지에 티셔츠 차림으로만 다니다 보니 정작 중요한 모임이나 데이트 때 입을 옷이 없는 게 문제였다. 세련된 전문직 여성의 분위기로 변신하는 친구들을 보면 부럽다는 생각이 들기도 했지만 단숨에 스타일을 바꾸기란 무척 어려웠다.

큰마음 먹고 블라우스를 사려고 보면 입기 불편하겠다는 생각부터 들었고, 치마 역시 그간 입지 않았던 습관 탓에 구입하기가 망설여졌다. 굽이 있는 구두는 발이 불편할 것 같아 시도조차 해보지 못했다.

변화를 결심한 지 몇 개월이 지났지만 그녀의 스타일은 전혀 달라지지 않았다. "나에게 어울리는 스타일이 무엇인지 잘 모르겠어요"라는 말만 반복할 뿐이었다.

누구에게나 새로운 패션 스타일은 낯설고 불편하게 느껴진다. 하지만 세상 모든 일이 그렇듯 처음의 불편함을 감수하고 몇 번 시도를 반복하다 보면 언제 그랬냐는 듯 편안하게 소화하는 노하우가 생기게 마련이다.

패션 스타일에 변화를 주기 위해서는 역시나 의식적인 노력이 필요하다. 혼자 시간을 보내거나 특별한 약속이 없는 날이라도 좋아하는 옷을 갖춰 입고 새로운 스타일을 시도해보아야 한다. 이러한 노력을 지속하면 내가 진짜 원하는 이미지에 잘 어울리는 스타일을 찾을 수 있게 된다. 나는 개인적으로 감각적이면서 세련된 스타일의 옷을 좋아한다. 물론 별다른 일이 없을 때는 캐주얼한 옷을 즐기지만, 오히려 아무도 만나지 않는 날에는 평소에 입지 않았던 스타일에 도전하기도 한다. 그런데 재미있는 점은 완전히 새로운 스타일을 시도할 때 이전에는 발견하지 못했던 조합을 찾는다는 사실이다. 또 새로운 나를 옷으로 표현하면서 내 안의 창의성이 길러지는 느낌을 받았다. 그렇게 다양한 스타일을 시도하면서 자연스럽게 나만의 패션 감각이 생겨났다.

하던 일을 그만두고 집에서 시간을 보내게 되면 가장 크게 변화를 겪는 부분이 바로 옷차림이라고 한다. 사실 누구나 집 안에 오래 있다 보면 외출 차림을 하기가 귀찮아지고, 새로운 사람을 만나거나 가보지 않은 곳에 가기가 점점 두렵고 불편해진다. 게다가 예전보다 살이 찌거나 나이가 들었다고 생각되면, 그 순간부터 자연스럽게 외모 관리를 포기한 사람처럼 편안한 차림만 찾게 된다.

만약 자신이 이런 상황이라면 진지하게 한번 생각해볼 필요가 있다. 편하다고 해서 아무런 고민 없이 입었던 옷들은 나를 어떻게 보이게 할까? 더 나은 스타일을 위해 노력하면 얼마든지 편안하면서도 세련된, 체형의 장점까지 살리는 옷을 찾을 수 있다. 비록 오늘 당장 특별한 일이 없을지라도 나를 기분 좋게 만드는 옷을 입어보자. 분명 내 마음과 삶에 큰 변화가 찾아올 것이다.

Think! ────────────────

내가 원하는 패션 스타일 찾기

아래에서 내가 선호하는 패션 스타일을 체크해보세요(5개 이상). 그리고 비슷한 이미지끼리 묶어보세요 가장 많은 수가 나온 집단이 내가 원하는 스타일입니다. 그중 나를 대표할 만한 이미지 하나를 선택해보세요 직업과 어울리고 원하는 이미지에도 가깝다면 메인 패션 이미지로 삼아도 좋습니다. 그 외 이미지는 어떤 상황에서 적용이 가능한지도 생각해보세요.

☐ 클래식한	☐ 섹시한	☐ 귀여운
☐ 여성스러운	☐ 심플한	☐ 카리스마 있는
☐ 밝고 화사한	☐ 트렌디한	☐ 중성적인
☐ 스포티한	☐ 우아한	☐ 여유 있는
☐ 도시적인	☐ 독특한	☐ 개성 있는
☐ 모던한	☐ 시크한	☐ 차분한
☐ 로맨틱한	☐ 부드러운	☐ 고급스러운
☐ 편안한	☐ 이국적인	☐ 자연스러운

모던한/시크한/도시적인/카리스마 있는 ➜ 시크한

여유 있는/편안한/자연스러운 ➜ 편안한

클래식한/고급스러운 ➜ 클래식한

타이트한/섹시한 ➜ 섹시한

∞ 스타일에 전략을 더하라

옷은 나 자신에게 내가 어떤 사람인지를 자각시켜 준다. 그래서 우리는 그 누구보다도 '나'를 즐겁게 하는 옷을 입어야 한다. 옷을 입음으로써 내 기분이 행복해지고 자신감이 생기면 다른 사람들도 나를 그렇게 봐줄 가능성이 크다. 옷을 제대로 차려 입는 건 스스로에게 애정을 표현하는 일이고, 창의적인 발상의 경험이며, 나 자신과 함께하는 즐거운 놀이다. 옷을 입는 일에 주의를 집중하고 나를 더욱 기쁘고 행복하게 만들 수 있는 기회로 만들어 보자. 나는 매일 자신에게 주어지는 상황을 판단하는 능력과 자신을 객관적으로 바라볼 수 있는 관점을 가지는 연습으로 '스타일 연출'만한 것이 없다고 생각한다.

많은 사람들이 자신에게 잘 어울리는 스타일을 찾고 싶어 하지만, 트렌드에 의존하거나 주변 사람의 의견에 좌지우지되어 실패하는 경우가 많다. 먼저 자신에게 잘 어울리는 스타일을 찾기 위해서는 그동안 마음속에 고착화된 스타일에 대한 아집이나 편견을 버리고, 자신을 객관적으로 바라봐야 한다. 잘 어울리는 스타일은 대개 내가 가진 고유의 분위기나 체형에 의해 좌우된다.

다만 내가 원하는 스타일과 현재 상황과의 차이를 정확히 인지하는 것이 중요하다. 자신의 취향과 스타일을 연결시킬 때 가장 많이 일어나는 실수 중 하나가 바로 내가 처한 '상황'을 잊는다는 것이다. 어떤 이들은 자신이 입고 싶은 대로 입는 게 뭐가 문제냐고 하겠지만, 집에서 입고 있을 법한 옷을 입고 회사에 간다든지, 파격적이거나 귀여운 스타일이 좋다고 하여 면접이나 미팅 때 그런 옷을 입고 간다면 설사 본인이게 잘 어울린다 하더라도 좋지 못한 결과를 얻을 가능성이 크다.

종종 옷을 잘 입기 위해서는 자기 체형의 장점을 과감하게 드러내야 한다고 말하지만, 항상 그래야 하는 것은 아니다. 쭉 뻗은 다리나 풍만한 가슴이 장점이라도 드러내지 않아야 할 때가 있는 것이다. 다른 사람이 주인공인 장소에서 내가 주인공인 것 같은 옷차림을 하고 가는 것 또한 실례다(결혼식에서 흰 원피스를 입는 것과 같다). 옷을 잘 입으려면 자신의 이미지나 체형을 고려하는 동시에 전반적인 상황을 판단할 수 있는 능력이 있어야 한다. 솔직히 말해 나는 섹시함이 느껴지는 스타일의 옷을 좋아한다. 가끔 인터넷 쇼핑몰에서 그런 옷을 보면 한참을 들여다보며 살까 말까 고민한다. 본능에 이끌려 한두 번 구입을 했는데, 실제로 그 옷을 입고 밖에 나가본 적은 거의 없다. 내가 만나는 사람들에게나 주로 다니는 곳에서 그런 이미지로 보이는 것이 전혀 도움이 되지 않기 때문이다.

옷차림은 나를 대변한다. 저마다의 개성이 중요시되는 시대지만, 자신이 하는 일과 잘 어울리고 이미지에 도움이 되는 스타일을 함께 고려하여 옷을 입는 센스가 필요하다.

Check! ───────────────────

나의 패션 지수 점검하기

- ☐ 나에게 어울리는 스타일에 대해 고민해본 적이 없다.
- ☐ 패션 트렌드에 별 관심이 없다.
- ☐ 옷을 입을 때 만나는 사람이나 상황을 고려하지 않는다.
- ☐ 새로운 스타일을 시도하기가 두려워 늘 입던 옷만을 고집한다.
- ☐ 스카프나 액세서리는 거의 하지 않는다.
- ☐ 특별한 일이 없으면 항상 헐렁한 옷만 입는다.
- ☐ 옷장을 잘 정리하지 않고, 입지 않는 옷이라도 버리지 않는다.
- ☐ 정확한 속옷 사이즈를 모른다.
- ☐ 옷차림이 바뀌어도 신발은 늘 같은 것을 신는다.
- ☐ 외출 전 전신 거울 앞에서 전체적인 조화를 체크하지 않는다.

3개 이상:
패션 무관심 경보! 지금은 그런대로 나쁘지 않지만,
옷차림에 대한 관심이 조금씩 떨어지고 있는 상태다.

5개 이상:
패션 이상 경보! 점점 세련된 이미지에서 멀어지고 있는 상태다.

7개 이상:
패션 테러 경보! 늘 편하고 헐렁한 차림으로 다니는 것에 익숙한 상태다.
옷차림 때문에 나이가 더 들어 보일 수도 있다.
나에게 어울리는 스타일을 찾는 데 노력해야 한다.

∞ 집에서도 매력적인 옷을 입어라

우리가 일생에서 가장 많은 시간을 보내는 장소는 집이다. 그런데 밖에 나갈 땐 깔끔하고 예쁜 옷을 입으면서, 집에서는 당연히 목이 늘어난 티셔츠나 무릎이 나온 트레이닝 바지, 부대 자루 같은 원피스, 김치 얼룩이 빠지지 않은 옷을 입는 사람이 많다. 보는 사람이 아무도 없으니 괜찮다고 생각하는가? 나의 대답은 "NO"이다. 혼자 있을 때에도 옷차림은 나의 기분과 심리에 큰 영향을 미치기 때문이다.

집에서일지라도 옷을 허름하게 입고 있으면 자신이 초라하다는 느낌을 받는다. 또 형편없는 차림으로 집에 오래 있다 보면 꾸미고 나가는 일이 무척 어색하고 귀찮게 느껴진다. 물론 오해는 하지 말길 바란다. 편안한 옷차림을 반대하는 게 아니라 집에 있는 동안에도 스스로를 매력적으로 느낄 만큼 예쁜 옷을 입어야 한다는 말이다.

지금 당장 집에 있을 때 나의 옷차림을 생각해보자. 그리고 그 옷을 입고 거울 앞에 섰을 때 느껴지는 감정을 떠올려보자. 만약 내 모습이 매력적이라 생각되지 않는다면 깔끔하고 예쁜 옷을 마련해 나에게 선물해보자. 나에게 매력을 느끼면 더 당당해지고 자신이 소중하게 느껴질 것이다.

나 또한 과거에 집에 있을 때면 아무렇게나 굴러다니는 티셔츠와 늘어난 원피스를 입고 생활했다. 하지만 예쁜 홈 웨어와 잠옷을 입기 시작하면서부터 매순간 기분과 애티튜드를 신경 쓰게 되었다. 40대

작가 A씨는 집에서도 몸매 라인이 드러나는 옷을 입으면서부터 가벼운 스트레칭을 즐기게 되었다고 말했다.

더불어 집에 있을 때야 말로 자신이 좋아하지만 평소에는 할 수 없었던 스타일을 연출해볼 절호의 기회다. 집에서 입는 옷차림을 바꿔 생활에 활력을 더해보자. 하루 중 나를 매력적으로 느끼는 시간이 조금 더 길어지면 스스로가 느끼는 아름다움의 지수 역시 자연스럽게 높아질 것이다.

Action!

옷장 속 점검하기

지금 옷장을 열어 내가 갖고 있는 옷들을 점검해보세요. 입었을 때 누가 볼까 걱정
되는 옷이 있다면 바로 버리는 게 좋습니다.

01 사이즈가 맞지 않는 옷

너무 헐렁한 옷은 몸의 긴장을 사라지게 하고,
너무 작은 옷은 보는 사람에게 불편한 인상을 준다.

02 낡은 트레이닝 복

패션 감각이 무뎌지고, 차려 입는 일이 귀찮아진다.

03 얼룩지거나 색이 바란 옷, 보풀이 일어난 니트, 지나치게 늘어난 티셔츠

심리적으로나 경제적으로 어렵고 힘들게 보인다.

04 학창시절의 추억이 담긴 옷

다시는 입을 기회가 없이 그저 옷장만 차지할 뿐이다.
추억은 사진과 기억에만 남겨두자.

05 유행이 지난 스타일의 정장

입었을 때 나이 들어 보이고 고리타분해 보인다.

∞ 체형에 맞는 속옷을 입어라

대개 사람들은 속옷이 겉으로 드러나지 않는다고 하여 다른 옷에 비해 신경을 잘 쓰지 않는다. 실제로 컨설팅을 하며 수강생들의 신체 사이즈를 확인해보니, 자신의 속옷 사이즈를 제대로 모르는 사람이 꽤 많았다. 그런데 진정한 패션 리더들은 '겉옷보다 속옷이 더 중요하다'고 입을 모은다. 사이즈가 안 맞는 속옷을 입으면 겉옷을 입었을 때 전체적인 스타일이 허술해지고, 라인이 정리되지 않은 느낌을 주기 때문이다.

자신에게 맞지 않는 속옷을 오랜 시간 착용하면 체형이 흐트러질 위험도 크다. 특히 체형에 비해 큰 브래지어를 입으면 가슴이 일찍 처지거나 모양이 퍼질 수 있다. 팬티의 경우 일부러 작은 사이즈를 고집해 입는 여성들이 많은데(66사이즈의 여성이 55사이즈를 입는 것처럼), 오히려 옷을 입었을 때 군살이 더 도드라져 보일 수 있으므로 주의해야 한다.

알고 보면 국산 브랜드의 속옷 사이즈가 잘 맞지 않는 여성들이 무척 많은데, 최근에는 다양한 사이즈에 대한 수요가 늘면서 외국 브랜드나 인터넷 속옷 쇼핑몰 등에서 자신에게 맞는 속옷 사이즈를 찾는 일이 훨씬 쉬워졌다. 만약 지금까지 한 번도 속옷 사이즈를 재본 적 없이 눈대중으로만 사이즈를 선택했다면, 당장 전문 속옷 매장에 가 자신의 치수를 재보도록 하자. 올바른 속옷 착용만으로도 몸의 균형이 잡히고 체형과 스타일이 살아날 수 있다.

옷을 잘 입기 위해서는 자신의 속옷 사이즈부터 알아야 한다. 자신의 사이즈도 잘 모르면서 홈쇼핑을 보고 속옷 세트를 주문하는 우를 범해서는 안 된다. 사람의 얼굴만큼이나 체형도 가지가지다. 체형에서 스타일이 나오고 스타일에서 이미지가 결정된다는 점을 미루어 볼 때, 제대로 된 속옷 사이즈를 선택하는 일은 무척 중요하다.

Action!

올바른 브래지어 착용법

브래지어는 잘못된 착용 사례가 많은 아이템 중 하나다. 브래지어를 입고 거울 앞에 서서 내 모습을 관찰해보자. 브래지어 컵 위로 살이 넘치거나 가슴에서 컵이 떠 있다면, 사이즈가 맞지 않다는 뜻이다. 갑갑한 느낌이 싫다고 둘레를 느슨하게 채우거나 어깨끈을 헐렁하게 두는 여성이 많은데, 이는 브래지어를 착용하지 않은 것과 마찬가지다. 컵의 위치는 팔꿈치와 어깨 중간에 오도록 조정해야 가슴을 제대로 모아주고 받쳐줄 수 있다. 양팔을 들었을 때 컵이 들려 올라가지 않을 정도로 후크를 채우고, 어깨끈은 손가락 한두 개가 지나갈 정도로 조이는 편이 좋다.

우리의 몸은 정원이고 마음은 정원사다.
게을러서 불모지가 되든 부지런히 거름을 주어 가꾸든,
그것에 대한 권한은 모두 우리 마음에 달려 있다.

−영국의 극작가 윌리엄 셰익스피어(William Shakespeare)의 『오셀로』 중에서

부록

더 아름다워진 그녀들의 이야기

이제부터 소개할 사연의 주인공들은 주변에서 흔히 볼 수 있는 평범한 여성들이다. 이들은 이미지 코칭 프로그램에 참가하며 자신이 정말로 원하는 모습을 이야기하고, 마음속 바람을 구체화하고자 노력했다. 성형 수술도, 간단한 시술도, 급격한 다이어트도 하지 않았다. 다만 일상에서 할 수 있는 메이크업과 패션 스타일링을 알려주었고, 헤어스타일에 작은 변화를 주었을 뿐이다. 외부의 어떤 도움도 받지 않았으니 애프터의 결과는 나와 그녀들의 합작품이라 생각하면 좋겠다.

나는 이들의 사례를 통해 외모에 아주 작은 변화를 주는 것만으로도 자신이 원하는 모습에 더욱 가까워질 수 있다는 사실을 보여주고 싶다. 변화는 이전에 하지 않았던 작은 도전을 시도해보는 것으로부터 시작한다. 무엇보다 그녀들의 '표정'과 '애티튜드'에 주목해보길 바란다. 더불어 당신도 그녀들처럼 원하는 이미지를 구체적으로 상상하고, 지금 스스로 시도할 수 있는 외모 관리 방법을 찾아 기쁘게 자신을 가꾸어나가길 바란다. 앞으로 더 아름다워질 당신의 모습을 응원하고 기대한다.

CASE
01

36세 주부 이자영 씨

"달라진 외모로 잃어버렸던 나를 되찾았습니다!"

Before

깔끔하고 단정한 스타일을 좋아하지만 늘 평범하고 편한 스타일만 찾았습니다. 옷을 입을 때엔 통통한 하체를 가리기 위해 긴 상의로 엉덩이를 가리고, 그 위에 또 긴 카디건을 입었죠. 짧은 머리는 계속 미용실에 가야 한다는 부담감 때문에 몇 년 동안 긴 머리를 유지하며 하나로 묶고 다녔습니다. 메이크업은 평소에 하지 않았습니다. 보통 자외선 차단제까지만 바르거나 BB크림만 살짝 바르고 외출하는 정도였어요. 예전에는 자신감 넘치고 예쁘다는 칭찬을 꽤 많이 들었습니다. 그런데 최근 몇 년간 외부 활동을 거의 하지 않고 육아에만 집중하다 보니 나 자신을 잃어가고 있다는 느낌이 듭니다.

Wish

어디서든 자연스럽지만 매력적이고 활기 있는 사람이 되어 나를 만나는 이들에게 선한 영향을 주고 싶습니다. 무엇보다 남편과 아들이 나를 자랑스럽게 생각했으면 좋겠습니다. 혜안을 갖고 올바른 삶의 방향을 제시할 수 있는 사람이 되었으면 합니다.

사실 지금까지 외모에 별다른 관심이 없었습니다. 어렸을 때도 내 모습이 항상 부족하다 느꼈고, 지금은 나이가 많이 들었다는 생각까지 합니다. 그런데 이제는 당당한 모습으로 아름다워지고 싶습니다. 외적으로는 균형 잡힌 몸매에, 화려하진 않지만 탤런트 김희애 씨와 같은 세련된 이미지를 갖고 싶습니다. 당당하고 우아한, 심플하면서도 깨끗한 이미지를 원합니다.

Coaching

둥근 이마에 이목구비가 매력적인 이자영 씨는 본래의 예쁜 얼굴이 돋보이도록 내추럴한 톤의 메이크업을 한 뒤, 머리를 풀어 우아하면서도 여성스러운 느낌을 살렸다. 단정한 느낌을 선호하는 그녀를 위해 심플한 흰색 티셔츠에 조끼를 매치하여 일상생활에서도 부담스럽지 않은 세미캐주얼 룩을 제안했다. 단순한 스타일이지만 귀걸이나 팔찌와 같은 액세서리를 함께 코디하면 보다 세련되고 감각적인 느낌을 줄 수 있다. 더불어 앞으로 굽어 있던 어깨를 활짝 펴고, 입을 살짝 벌려 미소 짓는 표정 트레이닝을 시키자 전체적인 분위기와 인상이 확 살아났다.

After

가벼운 메이크업만으로도 얼굴이 달라져 무척 신기했습니다. 늘 묶고 다니던 긴 머리를 풀어 정돈하고 갖고 있던 옷을 활용해 스타일을 만들고 심플한 액세서리를 착용했을 뿐인데 처녀 시절로 돌아간 듯한 나를 발견할 수 있었습니다. 외모 변화를 통해 밝고 자신감 넘쳤던 과거의 모습으로 돌아갈 수 있을 거란 희망과 기대가 생겼습니다.

그동안 스스로를 가꾸는 데에 많이 소홀했습니다. 그런데 내가 원하는 모습에 대해 생각하고 변화를 경험하면서 외모를 관리하는 일이 나 자신을 사랑하는 데에도 큰 도움이 된다는 사실을 깨달았습니다. 앞으로는 달라진 모습으로 그간 만나지 못했던 지인들과 다시 만나고, 잊고 살았던 내 꿈에 대해서도 진지하게 고민해볼 예정입니다. 남편과 아들 앞에 멋진 여자로 서게 되어 너무 설레고 즐겁습니다. 변화한 모습으로 새로운 도전을 많이 시도해보고 싶습니다.

32세 기업교육 강사 **김예림 씨**

"외모는 마음의 발현이라는 사실을 깨달았습니다!"

Before

평소 강사로서 단정한 모습을 유지하려고 신경 썼습니다. 세련되고 간결한 옷차림을 선호했죠. 특히 원피스는 날씬해 보이고 몸에 편안하게 맞는 아이템이라 즐겨 입었습니다. 숱이 많은 곱슬머리 때문에 주로 관리가 편한 미디엄 기장의 스트레이트 단발을 고수했습니다. 피부가 흰 편이라 BB크림을 바르고 눈썹만 잘 정돈해도 깔끔한 인상을 준다고 생각했어요. 제 얼굴 중 웃을 때 반달이 되는 눈이 가장 매력적이라고 생각하지만, 잘 번지는 타입이라 아이 메이크업은 생략했습니다. 솔직히 약간 외모 콤플렉스를 느끼고 있어요. 제가 원하는 모습은 예쁘고 깔끔한 이미지이지만 실제 제 모습과는 차이가 있는 것 같습니다.

Wish

내적 중심이 잘 잡혀 안정감이 느껴지는 사람이고 싶습니다. 사적인 모임이나 만남에서는 강의용 복장도 아니고 편안한 복장도 아닌, 그 중간쯤 되는 옷을 고르고 입기가 어려웠습니다. 옷장에 강의용 정장은 많아도 정작 내가 원하는 트렌디하고 세련된 느낌의 평상복은 없었어요. 평소에도 자연스럽고 갖추어 입은 것 같은 느낌을 주고 싶어요. 센스가 느껴지도록 액세서리로 세련미를 주는 옷차림도 연출해보고 싶습니다.

하체가 다소 비만한 점이 콤플렉스입니다. 그래서 바지를 잘 입지 못하는데 깔끔하게 바지 입는 센스도 배우고 싶어요. 외모를 개선해 잃어버린 자신감을 되찾고 싶습니다.

Coaching

이미지 변신을 위해서는 무엇보다도 헤어스타일의 변화가 필수다. 평상시 캐주얼한 스타일을 입더라도 전문성이 느껴지는 이미지를 원했던 김예림 씨를 위해 양쪽 길이가 다른 비대칭 단발머리를 제안했다. 둥근 얼굴임에도 도시적이고 세련된 인상을 만들 수 있었다.

메이크업은 숱이 많은 눈썹을 깔끔하게 정리하는 것만으로도 정돈된 느낌이 들었다. 하체가 통통한 사람이라면 어두운 컬러의 진을 입고 상의는 밝게 입어 하체가 도드라지지 않게 하고 상체에 시선이 가게끔 하는 편이 좋다. 흰 셔츠에 블랙 조끼를 코디해 간결하면서도 군더더기 없는 스타일을 연출했다.

After

여자의 화장에 숨겨진 심리에 관한 이야기가 인상 깊었습니다. 정성을 들여 예쁘게 화장하면 옷을 입는 것도 헤어스타일을 매만지는 것도 어느 하나 허투루 할 수 없다는 이야기에 공감하면서, 나를 위한 외모 관리에 대해서도 다시금 생각해보았습니다. 코칭을 받은 후 옷장 속에서 내가 원하는 스타일과 전혀 다른 느낌의 니트가 몇 벌씩 나오는 걸 보며, 내 마음속도 함께 점검해보았습니다. 사회생활을 할 때엔 어엿한 어른으로 보이고 싶으면서도 평상시에는 어린아이이고 싶은 마음의 간극 때문에 스타일링에 어려움이 있었다는 사실을 깨달았고, 나와 거리가 있는 옷들을 전부 정리했습니다. 이제 내가 목표했던 이미지에 가까워졌다고 느낍니다. 메이크업, 헤어스타일, 옷차림…… 단지 '외양'이라는 말로 폄하했던 개념의 것들이 사실은 마음과 연결되어 있다는 것을 이해하고 나니, 더 소중히 여기고 가꿔야겠다는 다짐을 하게 되었습니다.

CASE
03

47세 교사 김미정 씨

"나이가 들어도 아름답게 살아갈 수 있습니다!"

Before

거울을 볼 때마다 교사다운 이미지가 부족하다고 생각했습니다. 후드 티셔츠나 바이크 점퍼와 같이 상황과 나이에 맞지 않는 옷을 자주 입었고, 옷을 살 때는 디자인이나 컬러보다는 실용성을 많이 따졌습니다. 긴 머리가 부드러운 인상을 준다고 생각했지만, 정작 스타일링 방법을 몰라 늘 묶고 다녔죠. 메이크업은 파운데이션으로 피부를 커버하고 눈썹을 그린 후 립스틱을 바르는 것으로 마무리합니다. 제 스타일에 대한 주변 사람들의 평가는 그리 좋지 않습니다. 행사가 있는 날에는 나름 신경을 써서 차려 입지만 사람들이 알아주지 않을 때가 많았죠. 잘해보고 싶은 것이 많았고 멋지게 보이고 싶었지만 나이가 들수록 점점 자신감이 없어지네요. 요즘 들어 부쩍 더 무기력하고 제 자신이 자꾸만 미워집니다.

Wish

나이나 직업과 같은 외적 조건은 바꿀 수 없지만, 나는 충분히 변할 수 있는 존재라 생각합니다. 그 시작이 외모가 되었으면 합니다. 예전에는 동안이라는 말을 자주 들었는데, 최근 무기력증에 빠져 갑자기 확 나이가 들어 보이는 느낌이 듭니다. 학생들로부터 인상이 차갑고 무섭다는 이야기도 들었고요. 고지식한 학생주임 선생님 같은 이미지는 아니었으면 좋겠어요. 이제는 만나는 사람들에게 편안하면서도 자신감 느껴지는 모습을 보여주고 싶습니다. 구체적으로는 아나운서와 같은 단정하면서도 우아한 이미지를 갖고 싶습니다.

Coaching

먼저 입꼬리를 올리고 미소 짓는 트레이닝을 통해 딱딱하게 굳어 보이는 표정을 개선했다. 부드러운 컬이 살아 있는 헤어스타일로 턱을 감싸고, 은은한 색조 메이크업을 한 후 작은 귀걸이를 착용해 여성스러운 이미지를 강조했다. 각이 있는 뿔테 안경은 인상을 강하게 만들고 사각 턱을 강조하므로, 평소에는 둥근 느낌에 테가 없는 안경을 쓰도록 권했다. 사놓고 거의 입지 않았던 스커트에 볼륨감 있는 블라우스를 매치하자 우아하면서도 단아한 분위기가 우러나왔다.

스타일의 변화는 과감한 도전으로부터 시작된다. 자신이 원하는 이미지를 상상하고, 가꾸는 과정을 즐기는 것만으로도 마음의 변화는 물론 외모의 긍정적 변화까지 불러일으킬 수 있다.

After

컨설팅 이후 부드럽게 화장을 하고, 그간 입지 않았던 단정한 디자인의 옷을 입기 시작했습니다. 이마에 주름이 질 정도로 눈에 힘을 주고 다녔는데, 하루에 한 번씩 거울을 보며 내 자신에게 웃어주는 연습을 하자 서서히 미소가 자연스러워졌습니다. 얼마 전 만났던 분이 저에게 다른 사람 같다며 깜짝 놀라더군요. 학교에서 보내는 시간을 제외하면 주로 집에서만 있는 편이었는데, 요즘은 사람들과 만나는 일이 많아졌습니다. 학교에서는 아이들이 가장 먼저 변화를 알아챘어요. 예전에는 나를 무서워하고 피해 다니기만 했던 아이들이 이제는 스스럼없이 다가와 먼저 인사를 건넵니다.

외모를 가꾸는 일은 나 자신과 화해하고 내 안에 숨은 진짜 나를 찾는 과정입니다. 바뀌려고 마음먹고, 그 마음을 부지런히 실천에 옮기며, 건강한 몸을 위해 노력하고, 주위에 많은 벗을 만나기만 해도 이미지 변화는 가능합니다. 앞으로도 꾸준히 나를 잘 관리한다면 나이가 들어도 몸과 마음이 모두 건강하고 아름다워질 거라 확신합니다.

CASE 04

34세 우주전파센터 연구원 **박소라 씨**

"지성에 외모를 더하니 자신감이 상승했습니다!"

Before

어려서부터 통통한 체형 때문에 외모에 자신감이 없었습니다. 사람들이 나를 편안하고 듬직하게 생각해 서운할 때가 많았죠. 사실 그동안 외모에 투자를 하지 않았습니다. 스킨케어는 신경 쓰는 편이지만 색조 화장은 거의 하지 않았고, 1년에 한 번 정도 미용실에 갔습니다. 일을 할 때는 눈썹을 그리고 립스틱을 바르는 정도의 기본적인 메이크업만 합니다. 아이라인이나 마스카라와 같이 눈을 강조하는 메이크업은 거의 하지 않았어요. 대학 때 입었던 옷들을 지금까지 쭉 입고 있습니다. 거의 매일 검정색 바지를 입다가 작년부터 치마를 입기 시작했어요. 평소 출근할 때는 엉덩이를 덮는 긴 티셔츠에 바지를 입었고, 학회에 참가할 때는 바지 정장을 입었습니다. 새로운 스타일에 별다른 관심이 없는데다가 요즘 나오는 옷들은 대부분 잘 어울리지 않을 것 같아서 시도해보지 않았고요.

Wish

연구하는 분야에서 권위자로 인정받는 최고의 전문가가 되고 싶습니다. 좋은 사람을 만나 연애를 하고 행복한 가정도 이루고 싶고요. 누구에게나 따뜻함이 느껴지며 다가가고 싶은 사람이 되길 바랍니다. 이성에게 호감을 주면서도 날씬해 보이는 스타일링 방법을 배우고 싶습니다. 외적으로는 편안하면서도 지적인 느낌, 여성스러우면서도 세련된 이미지를 갖고 싶어요.

Coaching

우선 정리되지 않은 헤어스타일에서 가르마를 바꾸고 구불거리는 컬을 자연스럽게 펴 부드러운 분위기를 연출했다. 상체가 통통해 니트보다는 셔츠 스타일을 권했고, 셔츠 깃을 살짝 세우고 목선을 드러내 둥근 얼굴선이 좀 더 갸름해 보이는 효과를 취했다. 단색의 셔츠를 입을 때엔 길이가 긴 목걸이와 함께 셔츠 색과 연결되는 스카프를 코디하면 세로 선이 강조돼 상체 라인이 더욱 길고 날씬하게 보인다.

스스로도 매력적이라고 느끼는 눈의 장점을 강조하기 위해 아이라이너과 마스카라로 또렷한 눈매를 연출했다. 브라운베이지 톤의 아이섀도우와 비슷한 컬러의 립스틱을 발라 차분하면서도 지적인 이미지를 강조했다.

After

간단한 변화를 주었을 뿐인데 확 달라진 내 모습을 보니 도시적이고 세련된 느낌이 들었습니다. 외모가 달라지니 일이나 인간관계에 확실히 자신감이 생겼어요.

이전에도 스카프와 액세서리를 잘 활용하면 스타일이 바뀐다는 사실을 알고 있었지만 나에게 직접 적용하기가 어려웠습니다. 앞으로 어떤 식으로 나를 꾸며야 할지 방향을 조금 이해한 것 같아요. 앞으로는 트렌드에 더 관심을 갖고, 사람들의 옷차림을 살펴보면서 나에게 어울리는 스타일을 찾아 조금씩 시도해볼 생각입니다. 물론 평소에 메이크업도 더 신경 쓰려고 해요. 귀찮다거나, 차일피일 미루고 할까 말까 망설이는 대신 무엇이든 시도해보겠다는 마음으로 생각하고 행동해야겠습니다.

CASE
05

36세 간호사 **오남경 씨**

> ## "타고나지 않아도 아름다워질 수 있습니다!"

Before

직업상 단정하고 깨끗해 보이는 이미지가 중요하다고 생각해 앞머리가 내려오지 않도록 헤어밴드를 하고, 머리를 하나로 묶는 편이었습니다. 자연스러운 메이크업을 선호하고 피부색보다 밝은 컬러의 파운데이션으로 깨끗한 인상을 연출했죠. 눈썹과 아이라인은 메이크업 시간을 줄이기 위해 문신을 했습니다. 선명한 이미지를 원해서 립스틱은 핑크색이나 오렌지색 계열을 진하게 바르고, 커리어우먼처럼 보이기 위해 검정색 세미 정장 스타일을 자주 입었습니다.

Wish

정직과 겸손을 최고의 미덕으로 여깁니다. 자신에게는 냉철하지만 타인에게는 봉사와 헌신을 다하는 사람이 되고 싶어요. 만나는 사람들에게는 언제나 좋은 영향을 주고 싶습니다. 자신감이 넘치고, 현실에 안주하지 않으며, 항상 새로운 지식을 탐구하는 사람이 되고 싶습니다.

얼마 전 강의 중에 찍힌 사진 속 얼굴을 보니 부자연스럽고 딱딱하게 느껴졌습니다. 사람들에게 따뜻한 인상을 주고 싶었는데 그렇지 못한 표정이었죠. 개인적으로는 여성스러우면서도 밝은 이미지를 선호하고, 머릿결이 부드럽고 매끈해 보였으면 좋겠습니다. 블라우스에 H라인 스커트를 세련되게 입고 싶습니다.

Coaching

미소가 아름다운 오남경 씨는 전체적으로 깔끔하면서도 여성스러운 분위기를 만드는 데에 주력했다. 헤어 컬러는 밝지 않은 브라운으로 염색해 차분하면서도 부드러운 이미지를 연출했다. 헤어 끝 부분에 에센스를 바르고 드라이를 약간 하는 것만으로도 부스스한 머릿결이 훨씬 더 차분해졌다.

라운드 네크라인보다 목선이 V컷으로 드러나는 블라우스를 선택하면 둥근 얼굴 선이 갸름해 보인다. 단색의 블라우스는 자칫 단조로워 보일 수 있기 때문에 진주 체인의 목걸이를 함께 코디해 세련되면서도 우아한 이미지를 연출했다.

After

이미지 코칭 후에 원하는 모습으로 변화된 나를 보니 자신감이 생기고 행복해 졌습니다. 나에게 관심을 갖고 변하기 위해 노력하면 이미지가 확 달라진다는 것을 알게 되었어요.

사실 그동안 내면만큼 외면도 중요하다는 사실을 알고는 있었지 만 정작 제대로 노력한 적은 없었습니다. 이미지 코칭을 통해 뛰어나게 예쁜 이목구비나 좋은 몸매를 타고나지 않아도 평 상시에 꾸준히 관리하고 부지런히 노력하면 아름다워질 수 있다고 느꼈습니다. 내면만을 중시하면서 외면을 가꾸지 않았던 지난날을 반성했어요. 특히 이전에는 메이크업 에 별 관심이 없었는데 화장만으로도 얼굴의 이미지 가 세련되고 화사해지는 걸 느꼈습니다.

내면과 외면을 꾸준히 관리하는 일은 나 자신 이 언제나 준비된 사람이라는 것을 보여 주는 단서가 된다고 생각합니다. 앞으로 도 건강하고 보기 좋은 몸을 만들기 위해 꾸준히 체형을 관리하고, 다양한 스타일을 시도해보면서 나에게 어울리는 세련된 모 습을 갖추도록 노력하겠습니다.

CASE
06

27세 피부관리사 **정예진 씨**

"원하는 내가 탄생하는 놀라운 경험을 느껴보세요!"

Before

그동안 살을 빼기 위해 안 해본 다이어트가 없을 정도입니다. 그럼에도 정작 튀김이나 과자, 아이스크림과 같은 고칼로리 간식을 끊지 못해 매번 실패를 겪었습니다. 식습관이 고쳐지지 않으니 애써 살을 빼도 금세 요요현상이 오더라고요.

평상시에는 일하기 편한 스타일을 선호합니다. 주로 캐주얼한 청바지와 티셔츠를 입고, 구두보다 운동화를 즐겨 신었습니다. 평소 메이크업은 눈썹과 피부 화장 위주로 하고, 입술은 각질이 많은 편이라 특별한 날이 아니면 립스틱을 잘 바르지 않았습니다. 머리를 감고 나서 따로 드라이를 해본 적도 없습니다.

Wish

내 삶을 주도적으로 이끌며 즐기는 마음으로 살고 싶습니다. 유쾌하면서도 믿음이 가는 사람이 되고 싶어요.

현재 식이 조절과 운동을 겸해 다이어트를 하고 있습니다. 외모는 지금도 나쁘지 않다고 생각하지만, 좀 더 날씬해져서 분위기를 바꾸고 싶습니다. 도시적이고 지적으로 보이는 커리어우먼 스타일을 좋아합니다. 머리가 가늘고 힘이 없어 푹 꺼져 보이는 게 고민이며, 하체보다 상체가 통통해 날씬하게 옷을 입기가 어렵습니다. 단발머리에 풀 메이크업으로 당당하면서도 카리스마 있는 이미지를 연출해보고 싶습니다.

Coaching

먼저 힘이 없고 숱이 적은 헤어를 보완하기 위해 언밸런스한 단발에 볼륨펌으로 생동감 있는 느낌을 연출했다. 샤프한 이미지를 위해서 둥근 네크라인을 피하고, 셔츠 단추를 두 개 정도 오픈해 얼굴형과 목선을 가늘어 보이게 했다. 적당한 간격의 세로 스트라이프는 상체를 날씬하게 만들고 진취적으로 느껴지게 한다. 몸에 적당히 피트되는 화이트 스트라이프 셔츠에 블랙 H라인 스커트를 코디해 세련된 커리어우먼 스타일을 연출했다. 더불어 식습관을 교정하고 관리할 수 있도록 마인드 코칭을 병행했다. 음식을 먹을 때마다 정말로 배가 고픈 건지, 마음의 허기를 채우려는 건지 스스로에게 질문해보기를 권했다.

당당한 이미지를 위해 무엇보다 중요한 건 표정과 자세다. 바른 자세를 유지하기 위해 허리와 목을 자연스럽게 세우고, 굳은 표정과 어색한 미소를 교정하기 위해 수시로 거울을 보고 미소 짓는 연습을 지속하게 했다.

After

이전과 전혀 달라진 내 모습을 보고 주변 사람들이 이런 모습이 숨어 있었냐며 놀라워했습니다. 수술을 한 것도 아니고, 단지 헤어스타일과 메이크업을 정돈한 것뿐인데 이미지가 굉장히 달라 보였습니다. 한 달 동안 꾸준히 노력한 결과 3킬로그램 정도 체중을 감량했습니다. 표정과 자세 또한 좋아졌다는 이야기를 많이 듣고 있습니다.

이전에는 커리어우먼의 모습을 동경하면서도 나와는 거리가 먼 이미지라고 느꼈습니다. 그런데 체형에 어울리는 셔츠와 스커트를 입는 것만으로도 내가 원하는 커리어우먼 스타일을 어렵지 않게 연출할 수 있었습니다. 앞으로는 생각만 하던 스타일을 좀 더 자신감 있게 시도해볼 예정입니다.

CASE
07

32세 '친절한세인씨' 대표 **박세인 씨**

"마음가짐이 달라지면 외모도 변화합니다!"

Before

외부 활동이 많지만 사실 꾸미는 것을 귀찮아하는 편입니다. 외출할 때도 BB크림 정도만 간단하게 바르고, 면 티셔츠에 청바지를 입으며 단화를 즐겨 신었습니다. 중요한 강의를 하거나 직접 사회를 보는 일이 있을 때는 전문 숍에서 메이크업을 받았지요. 이마가 드러나는 헤어스타일을 좋아하고 평소에는 편하게 묶고 있는 편입니다. 단발머리였던 머리가 자랐는데 요즘은 미용실에 가지 않고 있었습니다.

디자인이 불편하거나 타이트한 의상을 좋아하지 않습니다. 어깨가 넓고 허리가 짧고 굵으며 상체 위주로 살이 찌는 편이라 상의를 박시하게, 하의는 타이트하게 입습니다.

솔직히 어떤 스타일이 나에게 어울리는지 잘 모르겠습니다. 최근 강의할 일이 많아져 그에 맞는 스타일로 의상을 준비해야겠다고 생각합니다.

Wish

사람들에게 새로운 꿈을 꾸게 하고 용기를 불어넣을 때 가장 큰 보람을 느낍니다. 내 일을 사랑하는 열정적인 사람으로 보이고 싶어요. 사람들이 닮고 싶어 하는 아름다운 인생을 살고 싶습니다.

책을 낸 이후 강의를 하거나 남들 앞에 서는 일이 많아졌습니다. 공식적인 자리에서는 위엄과 카리스마 있는 분위기로 나만의 아우라가 느껴지는 사람이고 싶습니다. 블라우스에 스커트 하나만 입어도 옷맵시가 좋은 커리어우먼 스타일을 선호합니다.

Coaching

머리를 풀었을 때 C컬로 모양을 잡아주면 강연자로서의 단정하면서도 신뢰감 있는 이미지를 연출할 수 있다. 이목구비가 또렷해 색조 화장을 진하게 하기보다는 눈썹 모양을 정리하고 내추럴한 컬러의 립스틱을 발라 깔끔하면서도 생기 있는 느낌을 살렸다.

갖고 있는 의상을 활용해 강의에 어울리는 기본 스커트 정장을 스타일링했다. 하체보다 상체가 통통한 경우, 이너는 밝은 색으로 입고 아우터는 어깨선이 맞는 짙은 컬러의 재킷을 코디하면 날씬해 보이는 효과가 있다. 피부색에 어울리는 아이보리 컬러 블라우스에 차분한 와인색 재킷을 입고 심플한 디자인의 목걸이를 매치하니 세련되면서도 고급스러운 이미지가 살아났다.

After

이전에는 그때그때 필요한 옷을 사서 어떻게 입을지를 고민했는데, 대표님의 스타일 코칭을 받은 후에는 옷을 살 때 함께 입을 옷의 조화를 생각해야 한다는 점을 알게 되었습니다. 지금까지 내 외모와 스타일에 대한 책임이 전적으로 나에게 있었다는 사실도 깨달았고요.

스타일을 만드는 자세와 표정 그리고 체형은 내가 만들어가는 것이며, 옷은 원하는 느낌을 보완하고 연출하는 활용 도구라는 점도 실감했습니다. 쇼핑을 할 때엔 분명하게 스타일 계획을 세워야겠다고 생각했습니다. 더욱 프로페셔널한 모습으로 변화하기 위해 앞으로는 스스로 할 수 있는 외모 관리에 조금 더 관심을 기울일 생각입니다.

CASE
08

"단점마저도 더 사랑하게 되었습니다!"

Before

평소 준비하는 데 시간을 잘 조절하지 못해 화장을 급하게 대충하는 편입니다. 헤어스타일에 신경을 쓰지 못해 주로 말리기만 하면 되는 펌을 고수했습니다. 대학에서 체육학을 전공했고 편안한 스타일에 익숙한 편입니다.

작년에 순환 운동 트레이너로 일을 할 때는 운동량이 많아 비교적 날씬한 몸을 유지했지만, 운동을 그만두고 난 후 식욕이 늘면서 최근 급격하게 살이 쪘습니다. 혼자 살면서 공허함이 느껴지면 주로 먹는 걸로 스트레스를 풀었던 것 같아요. 그게 버릇이 돼서 음식을 조절하기가 힘들었습니다. 살이 많이 찌면서 자신감도 잃었습니다. 예전에 입었던 옷들이 거의 맞지 않아 다이어트의 필요성을 절감합니다.

Wish

스스로 에너지가 많은 사람이라 자부합니다. 새로운 것에 대한 두려움을 극복하고 도전을 즐기며 살고 싶어요. 또 매사에 정직하고 책임감 있는 사람이고 싶습니다. 한 사람의 이야기를 함께 풀어내주는 강연 디렉터로서 친근하게 보이고 싶은 욕구도 있습니다. 강연회 행사를 진행할 때는 나만의 자유로운 분위기가 느껴지면서도 프로페셔널한 느낌을 주고 싶습니다. 패션은 감각적이면서도 개성이 느껴지는 락시크 스타일을 선호합니다.

Coaching

체중이 많이 늘어 심리적으로 위축돼 있는 상태로, 식습관의 변화가 시급했다. 기름진 음식이나 패스트푸드를 자제하고 저녁 7시 이전에 식사를 마친 후 야식을 먹지 말고 건강한 식단을 꾸준히 지킬 것을 권했다.

진취적이고 개방적으로 보이게 하기 위해 앞머리로 이마를 전부 가리기보다는 일부가 살짝 드러나도록 했다. 번진 듯한 어두운 아이섀도우는 우울한 느낌을 주므로 아이라인은 가능한 한 깔끔하게 그렸다. 얼굴형이 퍼져 보이지 않도록 눈썹 산을 살려 그리고, 코랄 계열의 립스틱과 블러셔를 발라 본연의 건강한 이미지가 돋보이게 연출했다. 몸의 곡선이 드러나는 진회색 원피스에 상의는 같은 톤 셔츠를 코디해 상체의 군살을 가리고 하체의 날씬한 부분을 드러냈다.

After

지금까지는 여성스러운 스타일을 불편해하고 좋아하지 않았습니다. 하지만 다시 생각해보니, 사실은 동경하지만 엄두가 나지 않아 시도해보지 못했던 것이었습니다. 그동안 단점이 드러날까 무서워 사람들 앞에 내 모습을 보이는 일도 꺼려했지요. 힘든 일이 생기면 숨고 피하기 급급했는데, 이제는 아무리 어려워도 스스로를 지키고 나 자신을 더 사랑해야겠다는 다짐이 생깁니다.

액세서리 하나 메이크업 하나만 달리해도 내가 좋아하는 스타일에 가까이 다가갈 수 있다는 사실을 알게 되어 기쁩니다. 가장 큰 숙제였던 다이어트는 나를 지속적으로 가꾸면서 자연스럽게 이루어졌고, 신기하게도 아무렇게나 먹던 습관까지 사라졌습니다. 이제는 내 모습 그 자체로 더 예뻐질 수 있을 거란 확신이 생겼습니다.

Epilogue

외모 관리는
자기 사랑의
시작이다

지금껏 내 인생에서 가장 중요한 일은 누군가로부터 사랑을 받는 것이었다. 내가 충분히 괜찮은 사람이라는 기분을 느끼기 위해 다른 사람의 사랑이 절실히 필요했다. 하지만 사랑받기 위해 수많은 노력을 했음에도 불구하고 내 마음은 늘 공허하고 불안했다. 내가 바라는 사랑의 크기를 상대방이 충족시켜주지 않아 큰 실망과 아픔을 겪기도 했다. 사랑이 왜 나를 이토록 힘들게 하는지에 대해 고민하던 어느 날, 나는 한 책에서 이런 내용의 글을 발견했다.

"내가 나를 사랑하지 않으면 다른 누구를 사랑할 수 없고, 다른 누구에게 사랑받기도 힘들다. 모든 사랑은 받는 것도 주는 것도 아닌 '하는 것'이다." 이 글을 통해 나의 생각은 180도 달라졌고 삶의 태도 또한 크게 바뀌었다.

그동안 컨설팅을 통해 만났던 사람들 대부분은 과거의 나처럼 자신을 사랑하는 데에 서툴렀다. '아직 나는 괜찮은 사람이 아니야', '지금보다 더 예뻐져야 해'라며 자신을 비난하기에 바빴다. 하지만 타인에 대한 사랑과 마찬가지로, 내가 사랑할 만한 수준의 내가 되기 위해서는 먼저 나를 사랑하는 마음을 가져야 한다. 내가 나를 사랑해야만 스스로 괜찮은 사람이라는 믿음이 자라나고, 더 관심을 기울여 아름다워질 수 있기 때문이다.

왜 우리는 외모가 잘 관리된 사람을 볼 때 아름다움을 느낄까? 그 사람 스스로가 자신을 존중하고 있다는 느낌이 들기 때문이다. 왜 멋진 스타일의 옷을 입은 사람을 보면 부럽다는 생각이 들까? 거리낌 없이 당당하고 자신감 있게 자기를 표현한다는 인상을 주기 때문이다. 이처럼 온전히 자신을 존중하고 자기 모습에 만족하며 멋지게 관리하는 사람들은 언제나 아름답고 빛이 난다. 나답게 아름다워지라는 말은 결코 본래의 나를 감추거나 숨기라는 의미가 아니다. 아름다워지고자 하는 모든 노력은 더 나은 내가 되기 위한 자기 발전의 일환이다. 순간의 감정과 욕구대로 행동하지 않고, 꿈을 향해 인내하며, 주도적인 삶을 꾸려나가는 과정이다. 자신이 원하는 모습을 제대로 인지한 상태에서 외모를 가꾸는 사람은 진정한 자기 삶의 주인이 될 수 있다.

혹시나 이 책을 읽으며 '조금 더 일찍 나에게 관심을 가졌더라 면……'이라고 생각하진 않았는가? 그렇다 해도 절대 후회는 하지 말 았으면 좋겠다. 당신은 누가 뭐래도 지금껏 더 나은 사람이 되기 위해 열심히 살아왔다. 앞만 보고 달려가던 나를 잠시 되돌아보고, 더 아름 다워지기 위한 출발선에 올려두었다고 생각하자. 더불어 후회와 책망 대신 원하는 모습으로 변화할 수 있다는 희망을 갖자. 우리 모두에게 는 마음껏 아름다워질 권리가 있다.

최근 외모지상주의가 날로 심각해지는 우리 사회에서 외모 때문 에 크고 작은 스트레스를 겪는 사람들이 진정한 자기만의 아름다움을 찾아 더 행복해지고, 어떤 나이에도 매력을 뽐내며 당당해질 수 있다 면 더할 나위 없이 기쁘겠다. 그런 분위기를 조성하기 위해서라도 나 는 80살 할머니가 될 때까지 사람들의 숨겨진 아름다움을 찾아주는 지금의 일을 하고 싶다. 자기만의 아름다움을 발견하지 못한 채 살아 가는 사람들과 외모에 대한 불만으로 어려움을 겪는 사람들에게 진정 한 아름다움이 무엇인지를 일깨워주고 싶다. 더불어 이 책을 읽은 당 신도 어제보다 더 아름다워지기를, 온전히 나답게 행복한 삶을 꾸려 가기를 간절히 소망하고 기도한다.

Thanks to

"한 권의 책을 출간하는 일은 아기를 출산하는 것과 같다"던 많은 저자 분들의 이야기가 이렇게 사무치게 공감될 줄은 책을 쓰기 전엔 미처 몰랐습니다. 그동안 보이지 않는 수많은 도움의 손길로 이 책이 탄생할 수 있었습니다. 아무쪼록 건강히 세상에 나와 많은 사람들에게 사랑과 아름다움을 전해주기를 바랍니다.

첫 만남의 순간부터 출간까지 누구보다도 오랜 시간 함께 고민하며 저의 부족한 원고를 정성스럽게 다듬어주신 다산북스의 임보윤 편집자님께 깊은 감사를 전합니다. 책의 이야기에 진심으로 공감해주시며 편집 방향을 진지하게 고민해주신 박현미 팀장님과, 아름다운 표지를 비롯해 책 내용을 잘 담아낸 제목이 나올 수 있도록 지혜로운 선택을 해주신 김선식 대표님께도 고개 숙여 감사드립니다.

늘 가까이에서 저의 내면과 외면을 통찰력 있게 지켜봐주시며 진심 어린 조언을 아끼지 않으셨던 강미영 고문님, 페이스북으로 인연을 맺고 책을 기획하는 데 도움을 주셨던 이임복 선생님과 김무영 작가님, 집필로 고민이 깊을 때 언제나 따뜻한 조언을 건네주셨던 남인숙 작가님, 어려움을 겪으며 의기소침할 때 큰 힘이 되어주고 책의 처음과 끝을 애정 어린 관심으로 함께 해준 김수영 작가님, 저의 내면에 용기를 심어주신 송수용 대표님, 완성되지 않은 초고임에도 독자가 되어준 은율, 늘 곁에서 따뜻한 응원을 전해준 예진, 나의 부름에 기꺼이 달려 나와 책 이야기에 귀 기울여준 인선, 아름다움의 의미와 가치를 함께 공감해주었던 스타일와이프의 최지혜 선생님, 매달 독서모임을 통해 에너지를 주었던 소울리딩클럽 멤버 여러분들, 그동안 컨설팅과 강의를 통해 만났던 많은 분들과, 아름다운 변화로 제게 큰 감동을 준 책 속 사례 인물들, 소소한 이야기에 함께 웃어주신 SNS 친구 분들, 늘 저를 위해 기도해주시고 마음속 버팀목이 되어주신 부모님과 사랑하는 가족들, 그리고 언제나 제 곁에서 묵묵히 응원을 보내준 세상에서 가장 멋진 남편에게 깊은 사랑과 감사의 말을 전합니다.

오늘이 있기까지 저를 인도해주신 주님께 감사드립니다.

참고도서

Bobbi Brown, Sally Wadyka,『Bobbi Brown Beauty Evolution』, Harper Resource, 2002.

다이언 아이언즈,『여자들이 가장 알고 싶은 다이어트의 비밀』, 황금가지, 2003.

데보라 린 다링,『스타일이 경쟁력이다』, 부키, 2003.

김용숙 등저,『화장치료 심리학』, 신정, 2004.

도리스 와일드 헬머링, 다이안 헤일,『날씬해진다고 생각하면 날씬해진다』, 길벗, 2006.

브렌다 킨셀,『고혹의 절정 40』, 웅진윙스, 2006.

폴 에크먼,『얼굴의 심리학』, 바다출판사, 2006.

론다 비먼,『젊음의 유전자, 네오테니』, 도솔, 2007.

울리히 렌츠,『아름다움의 과학』, 프로네시스, 2008.

시부이 마호, 타카노 유리,『아름다움도 권력이다』, 매일경제신문사, 2008.

팀 건, 케이트 몰로니,『팀 건의 우먼 스타일북』, 웅진리빙하우스, 2009.

팀 드레이크, 크리스 미들턴,『YQ, 당신의 젊음지수는 얼마입니까?』, 미래와경영, 2009.

성영신, 박은아,『아름다움의 권력』, 소울메이트, 2009.

로랑 구넬,『가고 싶은 길을 가라』, 조화로운 삶, 2009.

이토 히사코,『멋지게 나이 든 여자의 시크릿』, 지상사, 2010.

빅토리아 모란,『365 하루하루 행복해지는 젊음의 비결』, 아고라, 2010.

모기 겐이치로, 온조 아야코,『화장하는 뇌』, 김영사, 2010.

나나 가르시아,『뉴욕 시크』, 예담, 2010.

요시하라 다마오,『다시 만나고 싶은 사람이 되는 38가지 법칙』, 이아소, 2010.

이동숙,『마이 워너비 스타일링 북』, 조선일보생활미디어, 2010.

조지 베일런트,『행복의 조건』, 프런티어, 2010.

마리 파신스키, 조디 굴드,『당신이 놓치고 있는 7가지 외모의 비밀』, 알키, 2011.

구회연,『21일간의 피부 기적』, 흙마당, 2011.

도미니크 로로,『심플하게 산다』, 바다출판사, 2012.

존 맥스웰,『사람은 무엇으로 성장하는가』, 비즈니스북스, 2012.

김수영,『드림레시피』, 웅진지식하우스, 2013.

제니퍼 바움가르트너,『옷장 심리학』, 명진출판, 2013.

심정희,『스타일 나라의 앨리스』, 씨네21북스, 2013.

바비 토머스,『스타일리시』, 인사이트앤뷰, 2014.

한근태,『몸이 먼저다』, 미래의창, 2014.

티시 제트,『훔쳐보고 싶은 프랑스 여자들의 서랍』, 이덴슬리벨, 2014.

카림 라시드,『나를 디자인하라』, 미메시스, 2015.

도요카와 쯔기노,『뷰티레슨』, 이보라이프, 2015.

SBS스페셜 제작팀, 이은아, 이시안,『매력 DNA』, 황금물고기, 2015.

토니 로빈스,『MONEY』, 알에이치코리아, 2015.

미레유 길리아노,『프랑스 여자는 늙지 않는다』, 흐름출판, 2016.

온전히 나다운 아름다움을 찾는 법

외모는 자존감이다

초판 1쇄 인쇄 2016년 10월 11일
초판11쇄 발행 2022년 8월 29일

지은이 김주미
펴낸이 김선식

경영총괄 김은영
책임편집 임보윤 **책임마케터** 김지우
콘텐츠사업5팀장 박현미 **콘텐츠사업5팀** 차혜린, 마가림, 김현아, 이영진
편집관리팀 조세현, 백설희 **저작권팀** 한승빈, 김재원, 이슬
마케팅본부장 권장규 **마케팅2팀** 이고은, 김지우
미디어홍보본부장 정명찬 **홍보팀** 안지혜, 김민정, 오수미, 송현석
뉴미디어팀 허지호, 박지수, 임유나, 송희진, 홍수경 **디자인파트** 김은지, 이소영
재무관리팀 하미선, 윤이경, 김재경, 오지영, 안혜선
인사총무팀 강미숙, 김혜진, 황호준
제작관리팀 박상민, 최완규, 이지우, 김소영, 김진경, 양지환
물류관리팀 김형기, 김선진, 한유현, 민주홍, 전태환, 전태연, 양문형, 최창우

펴낸곳 다산북스 **출판등록** 2005년 12월 23일 제313-2005-00277호
주소 경기도 파주시 회동길 490 다산북스 파주사옥
전화 02-704-1724 **팩스** 02-703-2219 **이메일** dasanbooks@dasanbooks.com
홈페이지 www.dasan.group **블로그** blog.naver.com/dasan_books
종이 한솔피엔에스 **출력·제본** 갑우문화사

ISBN 979-11-306-1003-0 (03320)

다산북스(DASANBOOKS)는 독자 여러분의 책에 관한 아이디어와 원고 투고를 기쁜 마음으로 기다리고 있습니다.
책 출간을 원하는 아이디어가 있으신 분은 이메일 dasanbooks@dasanbooks.com 또는 다산북스 홈페이지 '투고원고'란으로
간단한 개요와 취지, 연락처 등을 보내주세요. 머뭇거리지 말고 문을 두드리세요.